LEONARDO A ROMA

I silenzi degli anziani

SHORT STORIES IN ITALIAN

For Intermediate to Advanced Learners

(B2 - C1)

Improve your Comprehension & Reading Skills,
Grow Vocabulary and Learn Italian with Ease

LANGUAGE MYTHS

REBECCA ROMANO

Rebecca Romano

Table of Contents

Why read short stories?

I'm so excited you're reading this—it means you're ready to improve your Italian in a **fun and rewarding** way: through stories!

After years of teaching Italian, I found most reading materials either too complex or too boring for learners. That's why I started writing **short stories in simple Italian** crafted to match your language level while keeping you emotionally involved in the plot.

Short stories are a powerful tool for language learners. They expose you to **real-life vocabulary**, **natural dialogue**, and **cultural context**—all in **manageable, bite-sized sections**.

You'll absorb common expressions and sentence patterns in context, picking up full phrases or "chunks" instead of isolated words— **just like native speakers** do.

If you're looking for a fresh way to improve your Italian, these stories will help you build **confidence**, stay **motivated**, and truly enjoy mastering your Italian skills.

So grab a coffee, settle in, and enjoy the journey. I hope this book brings you both progress and pleasure in your Italian learning adventure!

Why this book?

'*Leonardo a Roma*' is my latest collection of short stories specially **tailored for Italian language learners** — from beginner level (Book 1) to upper beginner/intermediate (Book 2) and to intermediate/advanced level (Book 3).

This book '*I silenzi degli anziani*' is a **Graded Italian Reader** targeted at **Italian language learners at an intermediate to advanced level** based on **B2-C1 of the CEFR** (Common European Framework of Reference for Languages).

Amongst other benefits, reading this book includes:

◆ **modern stories** with aspects of day-to-day life, so you can experience **authentic dialogues and situations** in Italy.

◆ more than **10,000 words at an intermediate/advanced level** selected to help you expand your vocabulary for everyday use.

◆ **grammar structures based on levels B2–C1** of the CEFR, making it ideal for learners ready for advanced grammar. This book particularly focuses on the use of *congiuntivo* and *condizionale*, and *hypothetical phrases*.

- **connected stories**, which follow the same familiar characters and places, to help you retain what you learn.

- **real-life Italian settings** that immerse you in the Italian culture and way of living of Rome.

- **progressive difficulty**: The first chapters are simpler, and gradually become more complex, to help you build confidence while naturally expanding your skills.

- **short, manageable episodes** as each chapter includes **two bite-sized episodes**, making it easier to finish a section, feel accomplished, and stay motivated.

- **special learning aids**, which includes vocabulary lists, summaries in English and Italian, and comprehension questions to reinforce what you've learned.

- **NEW cultural insights**, which introduce you to everyday Italian habits, traditions, and curiosities—from food and gestures to famous places and local customs.

Whether you've already reached an advanced level in Italian or are looking for a fresh way to improve, this book offers a **fun and effective** path forward to refine your skills, deepen your cultural understanding, and enjoy authentic, story-driven learning.

Enjoy your reading—and your learning!

How to read this book

When approaching new reading material, I encourage my students to follow the following process which helps them understand the story and retain the most useful information, including vocabulary.

First, **read the story at your own pace** without looking up any word in the vocabulary. You don't need to understand word by word. You just need to expose yourself to the story and identify the main characters, where the story takes place and the main gist of it. All the details are superfluous at this stage.

Then, **read the story again and look up at the words included in each story's vocabulary**. Don't feel the urge to look up any more words yet. Try to understand the meaning of unknown words by the context and similarities to your own language. For example, what does "ho esagerato" means? "Esagerato" is very similar to *exaggerate*. Could this be the actual translation? Most of the times, your first intuition is the right one.

Write down these words in your notebook and move on to the next step. Together with this book, you can buy a special notebook which I have created to help you retain more vocabulary.

Finally, **read the story once more**, and this time you can **look up at as many words as you like** (and even try to traslate the story in your own language if you are up for a challenge!). However, while it's normal our brain is begging us to understand every single word, this is sometimes not always possible as other elements come into play: grammar, hidden cultural values, and so on.

Remember the main objective of any language: to communicate meaning. As long as you achieve an understanding of the message each story wants to deliver, you have a reason to celebrate! You are developing important skills which will help you navigate the language and use it actively in dialogues, writing, reading more books, with confidence in natural contests when the understanding of each single word is not essential.

Happy reading!

BONUS STORY

GET YOUR EXTRA BONUS STORY!

As a special thank you for being such an amazing reader, I want to give you a **special gift**.

When you sign up to my mailing list at subscribepage.io/isegretidimiriam, you will receive a free **bonus story** from my book *'I segreti di Miriam'*.

A dinner in the dark is all it takes for Miriam to fall in love and begin a mysterious and intriguing journey into her life.

About the author

Rebecca Romano developed a passion for languages at a young age and she now speaks five languages, giving her insight into the challenges of learning—and how to overcome them.

After earning a degree in Foreign Languages, she worked in Belgium, Switzerland, France, and Italy. These experiences strengthened her belief in the power of languages to make travel, work, and life abroad easier and more enjoyable.

Through years of teaching, she noticed that her most successful students are those who immerse themselves in Italian culture—reading books, listening to radio or audiobooks, and watching Italian films.

This inspired her to begin writing stories tailored to Italian learners, blending her teaching knowledge with her personal experience and offering a fun and natural way for students to learn authentic language and cultural elements.

Her goal is to help as many students as possible build confidence and fall in love with the Italian language.

Now based in New Zealand, Rebecca teaches Italian and writes short story books for learners of Italian and Spanish.

You can follow and connect with Rebecca on Instagram at @languagemyths_italian

Una lettera mai aperta - A letter never opened

CAPITOLO 1

Parte 1.1

Un cuore solo - A lonely heart

Il **corridoio**[1] di **geriatria**[2] dell'ospedale Policlinico a Roma sembra infinito. L'aria **sa**[3] di disinfettante e di minestra della **mensa**[4]. Leonardo cammina accanto a Fabio, **stringendo**[5] lo zaino **come per proteggersi**[6] dall'ansia.

«**Sicuro**[7] che **sia stata**[8] una buona idea chiedere il **trasferimento**[9] qui?» **sussurra**[10] Fabio.

«Se non **proviamo**[11], non sapremo mai.» risponde Leonardo con un **mezzo sorriso**[12].

Il dottor Mirco, con **camice stropicciato**[13] e **sguardo**[14] attento, li aspetta nel suo ufficio. «Ben arrivati al Policlinico. Questo reparto non è come il **pronto soccorso**[15]. Qui **non bastano**[16] esami e diagnosi. I pazienti parlano poco... e spesso con i **silenzi**[17]. Se saprete ascoltare, **imparerete**[18] più che al pronto soccorso. Il primo paziente, Giuliano, vi aspetta nella stanza numero tre.»

Leonardo **annuisce**[19]. Fabio **deglutisce**[20].

Tutti e due camminano in silenzio fino alla stanza di Giuliano. È piccola e **luminosa**[21]. Sul letto, un uomo magro con i capelli bianchi **spettinati**[22] **sfoglia**[23] un **giornale vecchio di due settimane**[24].

«Buongiorno, signor Giuliano.» dice Fabio con tono allegro.

«Sto bene. **Non servite**[25].» **borbotta**[26] l'uomo senza alzare lo sguardo.

Leonardo legge velocemente la **cartella clinica**[27] di Giuliano. Poi si avvicina al letto. «Signor Giuliano, **il Suo cuore**[28] non sembra **d'accordo**[29].»

Giuliano **gira**[30] una pagina del giornale, senza guardare i dottori. «È solo un po' di **dolore**[31] al **petto**[32]. Passerà.» Poi **aggiunge**[33] con un mezzo sorriso. "**Se fosse peggio**[34], avrei già chiamato **Padre**[35] Lorenzo per **confessarmi**[36].»

In quel momento entra nella stanza un uomo con la **tonaca**[37] nera e il **passo leggero**[38].

«I nuovi **tirocinanti**[39]?» chiede con un sorriso. «Io sono Padre Lorenzo, **cappellano**[40] dell'ospedale."

I due dottori lo salutano con una **stretta di mano**[41]: "Piacere, Padre."

Padre Lorenzo **rovista**[42] nel **cestino della spazzatura**[43] e trova una **busta spiegazzata**[44]. " E buongiorno a Lei, Giuliano! Credo che questa sia Sua." dice, **allungando**[45] la busta all'uomo.

Giuliano **afferra**[46] la lettera e la stringe. «**Non vi riguarda**[47].»

«Anche un postino sa che le lettere **ignorate**[48] **non spariscono**[49].» commenta Padre Lorenzo.

Leonardo aggiunge: «**Concordo**[50] con Padre Lorenzo. A volte aprire una lettera **fa respirare**[51] meglio di **qualsiasi**[52] medicina.»

Giuliano sospira, poi guarda il **soffitto**[53]. «È dalle mie figlie. Non ci parliamo da anni. E se **mi rifiutassero**[54] anche **per iscritto**[55]?»

Leonardo lo osserva. «Peggio del silenzio non può essere. **Magari**[56] **scoprirebbe**[57] che La stanno aspettando.»

Giuliano resta in silenzio. Poi **nasconde**[58] la busta sotto il cuscino. «Forse... **ci penserò**[59]. Ora ho bisogno di **riposare**[60].»

Quando Leonardo e Fabio escono nel corridoio, Padre Lorenzo li saluta: "A presto, ragazzi. Ricordatevi, qui le cartelle cliniche **contano meno**[61] dei **racconti**[62]. E un cuore solo **pesa**[63] più di cento esami.»

Leonardo sente **nascere**[64] un **rispetto istintivo**[65] per Padre Lorenzo che sembra conoscere i pazienti meglio di **chiunque altro**[66].

Leonardo guarda Padre Lorenzo allontanarsi, poi scambia uno sguardo con Fabio: «Forse la medicina vera inizia qui. E non parla solo con lo **stetoscopio**[67].»

Riassunto della storia

Leonardo e Fabio iniziano il tirocinio in geriatria al Policlinico. Il dottor Mirco li accoglie e Padre Lorenzo, cappellano dell'ospedale, li guida a leggere oltre i sintomi. Giuliano, il loro primo anziano paziente, ha problemi di cuore e non parla con le sue figlie da molti anni. Con Giuliano scoprono che spesso i silenzi pesano più delle diagnosi.

Summary of the story

Leonardo and Fabio begin their internship in geriatrics at the Policlinico. Dr. Mirco welcomes them, and Father Lorenzo, the hospital chaplain, teaches them to look beyond the symptoms. Giuliano, their first elderly patient, suffers from heart problems and hasn't spoken to his daughters in many years. With Giuliano, they discover that silence often weighs more than diagnoses.

Cultural Insight – Dare del Lei in italiano

In italiano **dare del "Lei"** è la forma di cortesia (*polite form*) usata nelle situazioni formali o con persone che non si conoscono bene (*you don't know well*) o che hanno un ruolo di autorità, come dottori, insegnanti o anziani. Invece (*instead*), tra amici e colleghi si preferisce (*it is preferred*) usare il **"tu"**, per creare un clima più familiare. Spesso si passa dal "Lei" al "tu" con la frase **"Possiamo darci del tu?"** (*can we address each other informally?*). Negli anni '30, però (*however*), il regime fascista cercò di abolire (*tried to abolish*) il "Lei", considerandolo "femminile e straniero (*foreign*)", e impose l'uso del "voi" come segno di italianità (*Italianness*).

Vocabolario

1 **corridoio** corridor
2 **geriatria** geriatrics
3 **sa** (it) smells
4 **mensa** canteen
5 **stringendo** gripping
6 **come per proteggersi** as if to protect himself
7 **sicuro** (are you) sure
8 **sia stata** (it) was
9 **trasferimento** transfer
10 **sussurra** (he) whispers
11 **proviamo** we try
12 **mezzo sorriso** half-smile
13 **camice stropicciato** creased lab coat
14 **sguardo** look
15 **pronto soccorso** emergency room
16 **non bastano** (they) are not enough
17 **silenzi** silences
18 **imparerete** you will learn
19 **annuisce** (he) nods
20 **deglutisce** (he) swallows
21 **luminosa** bright
22 **spettinati** messy
23 **sfoglia** (he) leafs through

24 **un giornale vecchio di due settimane**   a two-week old newspaper

25 **non servite**   you are not needed

26 **borbotta**   (he) mumbles

27 **cartella clinica**   medical record

28 **il Suo cuore**   your heart (formal)

29 **d'accordo**   in agreement

30 **gira**   (he) turns

31 **dolore**   pain

32 **petto**   chest

33 **aggiunge**   (he) adds

34 **se fosse peggio**   if it were worse

35 **Padre**   Father

36 **confessarmi**   to confess

37 **tonaca**   cassock, tunic

38 **passo leggero**   light step

39 **tirocinanti**   interns

40 **cappellano**   chaplain

41 **stretta di mano**   handshake

42 **rovista**   (he) rummages

43 **cestino della spazzatura**   trash bin

44 **busta spiegazzata**   crumpled envelope

45 **allungando**   handing over

46 **afferra**   (he) grabs

47 **non vi riguarda**   it's none of your business

48 **ignorate**   ignored

49 **non spariscono**   they don't disappear

50 **concordo**   I agree

51 **fa respirare**   (it) makes breathe

52 **qualsiasi**   any

53 **soffitto**   ceiling

54 **mi rifiutassero**   they rejected me

55 **per iscritto**   in writing

56 **magari**   maybe

57 **scoprirebbe**   you would discover

58 **nasconde**   (he) hides

59 **ci penserò**   I will think about it

60 **riposare**   to rest

61 **contano meno**   they count less

62 **racconti**   stories

63 **pesa**   (it) weighs

64 **nascere**   to arise

65 **rispetto istintivo**   instinctive respect

66 **chiunque altro**   anyone else

67 **stetoscopio**   stethoscope

Domande a risposta multipla

1) Cosa rappresenta la lettera delle figlie per Giuliano nel contesto del capitolo?

    a. Un simbolo del peso del silenzio e della possibilità di riconciliazione.

    b. Una minaccia alla sua salute già fragile.

    c. Un semplice oggetto senza rilevanza emotiva.

2) Qual è il messaggio implicito di Padre Lorenzo quando afferma: "Le cartelle cliniche contano meno dei racconti"?

    a. Che le diagnosi mediche non servono a nulla.

    b. Che l'ascolto della storia di un paziente è fondamentale quanto le cure mediche.

    c. Che gli anziani inventano storie per farsi ascoltare.

3) Secondo Leonardo la "vera medicina" inizia con la loro esperienza in geriatria perché:

    a. Imparano a utilizzare correttamente lo stetoscopio.

    b. Comprendono che la relazione e il silenzio hanno un peso terapeutico quanto le terapie cliniche.

    c. Ricevono per la prima volta i complimenti ufficiali dal dottor Mirco.

Risposte

1) **A**

2) **B**

3) **B**

CAPITOLO 1

Parte 1.2

Parole non dette - Words not spoken

Il giorno seguente, Leonardo e Fabio tornano nella stanza di Giuliano. L'uomo **finge**[1] di leggere, ma i suoi occhi **vagano**[2] nel **vuoto**[3]. Padre Lorenzo è seduto accanto al letto.

«Come si sente oggi, Signor Giuliano?» chiede Leonardo, **poggiando**[4] lo stetoscopio sul petto magro.

«Uguale. Ma se muoio oggi, **almeno**[5] mi sono confessato.» risponde con un mezzo sorriso, indicando Padre Lorenzo.

Fabio misura la pressione: alta. Il **battito**[6] è irregolare. Leonardo sente crescere la preoccupazione. «Signor Giuliano, ha mai avuto questo dolore anche **salendo le scale**[7]?»

L'uomo annuisce piano. «Da settimane. Ma non volevo disturbare nessuno.»

Leonardo scambia uno sguardo con Fabio. «Serve un elettrocardiogramma. Subito.»

Mentre Fabio va a chiamare l'infermiera, Leonardo nota che Giuliano tiene la lettera stropicciata **nascosta**[8] tra i fogli di giornale e la guarda **come se fosse**[9] una bomba **pronta**[10] a esplodere.

«Sa, dottore.» dice a bassa voce. «Non ho mai detto alle mie figlie **quanto mi mancano**[11]. La vita **mi è scivolata**[12] tra le dita… e adesso non so se **avrei il coraggio**[13] di **rimediare**[14].»

«Se non lo fa, **il peso**[15] resta qui.» Leonardo si tocca il petto. «E il cuore non dimentica.»

Padre Lorenzo **inspira**[16] lentamente: «Sa, Giuliano, a volte i **rimpianti**[17] sono più pericolosi della pressione alta. Se le Sue figlie La rifiutassero, almeno avrebbe provato. Se **La perdonassero**[18], il cuore **respirerebbe**[19].»

L'uomo **fissa**[20] la busta ancora per un attimo, poi la apre con mani **tremanti**[21]. Inizia a leggere. Le **labbra**[22] si muovono senza suono. Una **lacrima**[23] **scivola**[24] sul foglio.

«Hanno scritto… che vogliono vedermi.» sussurra infine.

Fabio rientra con l'infermiera e vede il **cambiamento sul volto**[25] di Giuliano: il dolore sembra più **leggero**[26], come se una parte della terapia **fosse già iniziata**[27].

Leonardo sorride. «Bene, oggi facciamo l'ECG[28], e magari domani il cuore respirerà ancora meglio.» **Fa un'occhiolino[29]** a Padre Lorenzo.

Padre Lorenzo li accompagna alla porta: "Bravi ragazzi! Avete imparato a sentire un cuore **rotto[30]**, non solo a leggerlo sull'ECG.»

Leonardo e Fabio si scambiano un sorriso **fiero[31]** e sorpreso.

Poi Padre Lorenzo aggiunge. «Avete mai visitato la **Cripta dei Cappuccini[32]** qui a Roma? Vi ricorderà **cosa conta davvero[33]**. La morte non è il **nemico[34]** in questo reparto.»

Il giorno seguente, i due amici visitano la cripta sotto Santa Maria della Concezione.

Le pareti sono coperte di **ossa[35]** e **teschi[36]** che formano decorazioni incredibili: **lampadari[37]** di vertebre, **cornici[38]** di **femori[39]**, piccole **cappelle[40]** fatte di **scheletri[41]**. Su una parete leggono:

> **"Come voi siete, noi eravamo. Come noi siamo, voi sarete[42]."**

Fabio sussurra: «I **monaci[43]** cappuccini **portarono[44]** qui i **resti[45]** dei loro fratelli, un tempo **sepolti[46]** nel vecchio monastero, per ricordare che la morte è inevitabile. **Come vivi la vita[47]** è la cosa importante.»

Leonardo annuisce: "Padre Lorenzo aveva ragione. La morte non è il nemico. È la **solitudine**[48] che **fa davvero paura**[49]."

"**Proprio così**[50], amico mio. Giuliano **ce l'ha dimostrato**[51] oggi. Non ha paura di morire, ha paura di rimanere solo...e dei rimpianti." conclude Fabio.

Riassunto della storia

Leonardo e Fabio assistono Giuliano, il cui dolore al cuore si intreccia con quello dei rimpianti familiari. Con l'aiuto di Padre Lorenzo, l'uomo trova il coraggio di leggere la lettera delle figlie. Poco dopo, visitando la Cripta dei Cappuccini, i due tirocinanti riflettono sul senso della vita, della morte e della solitudine.

Summary of the story

Leonardo and Fabio care for Giuliano, whose heart pain intertwines with the weight of family regrets. With Father Lorenzo's help, he finds the courage to read his daughters' letter. Later, visiting the Capuchin Crypt, the trainees reflect on life, death, and loneliness.

Cultural Insight – Le cripte e catacombe di Roma

Sotto le strade di Roma si nasconde (*it is hidden*) un mondo misterioso fatto di **cripte e catacombe** usate nei primi secoli (*centuries*) del Cristianesimo (*Christianity*) per seppellire (*to bury*) i morti e celebrare le messe in segreto. Oggi, questi luoghi affascinano (*fascinate*) i visitatori per la loro storia e spiritualità. Tra le più famose c'è la **Cripta dei Cappuccini**, dove le ossa (*bones*) di più di 4.000 frati (*friars*) sono state usate per creare opere d'arte (*art pieces*) uniche al mondo.

Vocabulary

1 **finge** (he) pretends
2 **vagano** they wander
3 **vuoto** void
4 **poggiando** resting
5 **almeno** at least
6 **battito** heartbeat
7 **salendo le scale** climbing the stairs
8 **nascosta** hidden
9 **come se fosse** as if it were
10 **pronta** ready
11 **quanto mi mancano** how much I miss them
12 **mi è scivolata** (it) slipped away from me
13 **avrei il coraggio** I would have the courage

14 **rimediare** to make amends

15 **il peso** the weight

16 **inspira** (he) inhales

17 **rimpianti** regrets

18 **La perdonassero** if they forgave him

19 **respirerebbe** (it) would breathe

20 **fissa** (he) stares

21 **tremanti** trembling

22 **labbra** lips

23 **lacrima** tear

24 **scivola** (it) slips

25 **cambiamento sul volto** change on (his) face

26 **leggero** light

27 **fosse già iniziata** (it) had already begun

28 **ECG** elettrocardiogramma

29 **fa un'occhiolino** (he) winks

30 **rotto** broken

31 **fiero** proud

32 **Cripta dei Cappuccini** Capuchin Crypt

33 **davvero** really

34 **nemico** enemy

35 **ossa** bones

36 **teschi** skulls

37 **lampadari** chandeliers

38 **cornici** frames

39 **femori** femurs

40 **cappelle** chapels

41 **scheletri** skeletons

42 **come voi siete, noi eravamo. Come noi siamo, voi sarete** we were like you are. You will be like we are

43 **monaci** monks

44 **portarono** they brought

45 **resti** remains

46 **sepolti** buried

47 **come vivi la vita** how you live life

48 **solitudine** loneliness

49 **fa davvero paura** (it) is truly frightening

50 **proprio così** exactly so

51 **ce l'ha dimostrato** (he) showed it to us

Domande a risposta multipla

1) Quale peso emotivo accompagna i sintomi fisici di Giuliano?

> a. La paura della morte imminente.

> b. Il senso di colpa per aver abbandonato la sua fede.

> c. Il rimpianto di non aver parlato con le figlie per anni.

2) Quale insegnamento trasmette Padre Lorenzo a Leonardo e Fabio dopo l'episodio con Giuliano?

   a. Che la morte è il vero nemico in geriatria.

   b. Che occorre imparare ad ascoltare i cuori rotti, non solo a leggerli con un ECG.

   c. Che i cuori spezzati si curano solo con le medicine.

3) Cosa simboleggia la visita alla Cripta dei Cappuccini per i due tirocinanti?

   a. Un confronto diretto con la mortalità e il valore del vivere.

   b. Un rituale di iniziazione riservato ai medici del Policlinico.

   c. Un momento di svago dopo giornate difficili in reparto.

Risposte

1) **C**

2) **B**

3) **A**

La cucina del sorriso - The smile's kitchen

CAPITOLO 2

Parte 2.1

A tavola non si invecchia - At the table you don't get old

Il sole caldo illumina il corridoio del reparto mentre Leonardo e Fabio si avvicinano a una nuova stanza. Sul **cartellino**[1] leggono:

Mirtile Rossi, 82 anni, artrite cronica e stato depressivo.

Sul letto trovano una donna **minuta**[2], con i capelli bianchi **raccolti**[3] in uno **chignon**[4], le mani **appoggiate**[5] sulle **ginocchia**[6] e le dita **gonfie**[7] e rigide.

«Buongiorno, signora Mirtile!» Le sorride Fabio. «Come si sente oggi?»

Lei alza **appena**[8] lo sguardo. «Buongiorno… **se così si può dire**[9]. Come ieri. Come domani.» risponde con un **filo di voce**[10].

Sul **comodino**[11] ci sono **pastiglie**[12] **intatte**[13]. «Non prende i farmaci?» chiede Fabio gentile.

«Non servono. Non cucino più… a cosa mi servono le mani?» risponde Mirtile con tristezza.

L'aria nella stanza **profuma**[14] ancora **di qualcosa di cucinato**[15], forse dai **familiari**[16] durante l'ultima visita. «Era una **cuoca**[17]?» domanda.

Gli occhi di Mirtile **si accendono**[18] per un istante. «**Facevo da mangiare**[19] per tutta la mia famiglia. E per **mezzo vicinato**[20]! La cucina era la mia vita. '*A tavola non si invecchia*[21].' era il mio motto. Ma ora… **non mi resta**[22] niente.»

In quel momento entra Padre Lorenzo, con il suo passo leggero. «Buongiorno, signora Mirtile. Non è vero che non Le resta niente. Pensi alla Sua **ricetta**[23] preferita.»

Lei **scuote**[24] la testa. «**Dio**[25] **mi ha tolto**[26] la **forza**[27]. Non mi lamento, sarà la **Sua volontà**[28].»

"Sono sicuro che Dio vorrebbe che Lei **recuperasse**[29] le forze per cucinare di nuovo la Sua famosa **coda alla vaccinara**[30]." Padre Lorenzo fa l'occhiolino ai giovani medici che lasciano la stanza.

In quel momento Leonardo riceve un messaggio da Lucia.

«Ciao Leo! Domenica **ti va**[31] di venire a pranzo con i miei genitori? Saremo da 'Velavevodetto' a Testaccio.»

Leonardo risponde subito di sì, ma **un leggero brivido gli attraversa**[32] la schiena e confessa a Fabio: "Lucia mi ha invitato fuori a pranzo con i **suoi**[33] questa domenica…spero che non si aspettino che **io vada**[34] **a messa**[35] con loro. Sai, sono molto religiosi."

Fabio ride: «Ah, il famoso pranzo **domenicale**[36]! Attento, amico mio: può essere più pericoloso di un'**appendicite**[37]. E poi, se tocchi la religione a tavola, **nemmeno**[38] il **Papa**[39] ti salva!»

Leonardo ride nervoso. Poi ritorna a pensare a Mirtile. Forse **riportare**[40] la cucina nella sua vita potrebbe essere la medicina più **potente**[41]. Prima di **guarire**[42] le **articolazioni**[43], bisogna guarire il cuore di Mirtile.

Il giorno dopo, Leonardo entra nella stanza con un piccolo **quaderno**[44]. «Signora Mirtile, so che Lei è una maestra di cucina… **mi insegna**[45] a fare la coda alla vaccinara?»

Mirtile lo guarda sorpresa. «Io? Con queste mani?»

«**Proprio così[46].**» risponde Leonardo. «Solo Lei può insegnarmelo.»

Per la prima volta, sul volto di Mirtile **compare[47]** un sorriso. Con **lentezza[48]**, **elenca[49]** gli ingredienti: **coda di bue[50]**, **sedano[51]**, carote, cipolle, vino rosso, cacao **amaro[52]**.

Fabio filma la scena. «È ufficiale, la signora Mirtile torna in cucina!»

Leonardo **annota[53]** tutto e promette: "Porterò tutti gli ingredienti nella cucina della **mensa[54]** dell'ospedale questo lunedì mattina. Ci vediamo lì alle 08:00 (otto) **in punto[55]**!"

Riassunto della storia

Leonardo e Fabio incontrano Mirtile, 82 anni, segnata da artrite e depressione. Ex cuoca, sente di non avere più scopo. Con l'aiuto di Padre Lorenzo e un quaderno, Leonardo la invita a insegnargli la coda alla vaccinara, restituendole sorriso e speranza.

Summary of the story

Leonardo and Fabio meet Mirtile, 82, burdened by arthritis and depression. Once a cook, she feels she has no purpose left. With Father Lorenzo's help and a notebook, Leonardo asks her to teach him coda alla vaccinara, bringing back her smile and hope.

Cultural Insight – La coda alla vaccinara

La **coda alla vaccinara** è uno dei piatti più tipici della cucina romana, nata nel quartiere di **Testaccio**, dove vivevano i "**vaccinari**", cioè i macellai (*that is the butchers*) che lavoravano nei vecchi mattatoi (*slaughterhouses*). Era un piatto povero, preparato con le parti meno pregiate del bue (*less refined parts of the ox*), cotte lentamente (*slowly cooked*) con pomodoro, sedano e spezie. Oggi è considerata una vera **specialità tradizionale**, servita nei ristoranti tipici di Roma.

Vocabulary

1   **cartellino**   name tag
2   **minuta**   small / petite
3   **raccolti**   tied up
4   **chignon**   chignon, bun (hairstyle)
5   **appoggiate**   resting
6   **ginocchia**   knees
7   **gonfie**   swollen
8   **appena**   barely
9   **se così si può dire**   so to speak

10 **filo di voce** faint voice

11 **comodino** bedside table

12 **pastiglie** pills

13 **intatte** intact

14 **profuma** (it) smells

15 **di qualcosa di cucinato** of something cooked

16 **familiari** relatives

17 **cuoca** cook

18 **si accendono** they light up

19 **facevo da mangiare** I used to cook

20 **mezzo vicinato** half the neighbourhood

21 **a tavola non si invecchia** at the table, you never grow old

22 **non mi resta** I don't have left

23 **ricetta** recipe

24 **scuote** (she) shakes

25 **Dio** God

26 **mi ha tolto** (he) took away

27 **forza** strength

28 **la Sua volontà** His will

29 **recuperasse** (you) regain (formal)

30 **coda alla vaccinara** oxtail stew (Roman style)

31 **ti va** do you feel like

32 **un leggero brivido gli attraversa** a slight shiver runs through (his back)

33 **suoi** hers / his (context: her parents)

34 **io vada** I go

35 **a messa** to mass

36 **domenicale** Sunday

37 **appendicite** appendicitis

38 **nemmeno** not even

39 **Papa** Pope

40 **riportare** bringing back

41 **potente** powerful

42 **guarire** to heal

43 **articolazioni** joints

44 **quaderno** notebook

45 **mi insegna** will you teach me (formal)

46 **proprio così** exactly so

47 **compare** (it) appears

48 **lentezza** slowness

49 **elenca** (she) lists

50 **coda di bue** oxtail

51 **sedano** celery

52 **amaro** bitter

53 **annota** (he) writes down

54 **mensa** canteen

55 **in punto** on the dot

Domande a risposta multipla

1) Perché Mirtile rifiuta di prendere i farmaci?

    a. Crede che non funzionino.

    b. Pensa che senza cucina le sue mani non servano più.

    c. Ha paura degli effetti collaterali.

2) Qual è il significato del motto di Mirtile "A tavola non si invecchia"?

    a. È un modo di dire ironico: mangiare rallenta davvero l'invecchiamento fisico.

    b. A tavola si resta giovani perché il cibo nutre non solo il corpo ma anche i legami familiari e sociali.

    c. Indica che cucinare è un'attività faticosa che mantiene le mani sempre in movimento.

3) In che modo Leonardo prova a restituire speranza a Mirtile?

    a. Chiedendole di insegnargli a cucinare la coda alla vaccinara.

    b. Offrendosi di cucinare per lei.

c. Portandole un libro di ricette moderne.

Risposte

1) B

2) B

3) A

CAPITOLO 2

Parte 2.2

Una ricetta di vita - A life recipe

La domenica arriva veloce. Leonardo e Lucia entrano insieme nel ristorante *'Velavevodetto'* a Testaccio. L'aria profuma di **stufati**[1] e **spezie**[2], e **alcune pareti espongono**[3] *'Il Monte dei Cocci*[4]', fatto di resti di antiche **anfore e ceramiche**[5] romane.

Al tavolo li attendono i genitori di Lucia: il padre ha uno sguardo serio ma curioso, la madre sorride **calorosa**[6].

«Benvenuto, Leonardo!» dice il padre di Lucia, stringendogli la mano. «Lucia ci ha parlato di te.»

«Grazie dell'invito. Questo ristorante è bellissimo.» risponde Leonardo.

Mentre servono la famosa coda alla vaccinara, il padre di Lucia domanda: «**Allora**[7], la domenica in America **si va**[8] a messa?»

Leonardo esita. «**Beh[9]**... non sempre. Io... non sono molto **praticante[10].**»

Un silenzio cade per un attimo sul tavolo. Leonardo sente il cuore **accelerare[11].**

Poi aggiunge con **leggerezza[12]**, cercando di **rimediare[13]**: «Però adoro visitare le chiese romane... sono così belle! Sembrano musei dove **ti viene voglia[14]** di fare foto **più che pregare[15].**»

Silenzio di nuovo. La **forchetta[16]** del padre **si ferma[17] a mezz'aria[18]**. «Un museo?» ripete l'uomo con voce fredda. «Per noi è la casa di Dio.»

Lucia dà un leggero **calcio[19]** a Leonardo sotto il tavolo, gli occhi **spalancati[20]**. Leonardo **si schiarisce la voce[21]**. «Oh, certo, intendevo... musei nel senso di... bellissimi da vedere.»

Il padre di Lucia **posa[22]** il bicchiere e poi dice con calma: «Chi **non crede in nulla[23]**, spesso finisce per non avere **radici[24].**» Il suo sguardo si ferma un istante su Leonardo, come una **frecciatina[25]** sottile.

La madre prova a sorridere, ma la tensione resta nell'aria fino alla fine della cena.

Leonardo capisce che dovrà lavorare **duro**[26] per **guadagnarsi la fiducia**[27] del padre di Lucia. Un'ulteriore **sfida**[28]!

Lunedì mattina Leonardo entra nella mensa dell'ospedale con una grande **borsa della spesa**[29] insieme a Mirtile ed annuncia: "Oggi cucina la signora Mirtile per tutto il reparto. Chi vuole aiutarLa?"

Il cuoco e i suoi **aiutanti**[30] li guardano un po' **stupiti**[31], poi sorridono e **si mettono ai fornelli**[32].

Insieme a Mirtile preparano la sua ricetta preferita: la famosa coda alla vaccinara. Lei ride, **mescola**[33] lentamente e racconta **aneddoti**[34] della sua **giovinezza**[35]: feste di quartiere, cene improvvisate, bambini che **rubavano**[36] un pezzo di pane dalla sua cucina.

«Vede, dottore? La cucina è la mia medicina.» sorride Mirtile.

Leonardo la osserva muovere le mani con più sicurezza e pensa che quella ricetta è una terapia del cuore, non solo delle articolazioni.

La sera, Leonardo e Fabio tornano a casa insieme.

«Avevi ragione.» dice Leonardo, sospirando. «Meglio non parlare di religione con il padre di Lucia... credo che **mi abbia già messo alla prova**[37].»

Fabio annuisce. «I padri come quello di Lucia non cambiano idea. Ma a volte… **cambiano sguardo**[38]. Se **tieni davvero**[39] a Lucia, **prima o poi**[40] suo padre vedrà il tuo amore.»

Leonardo guarda le luci di Roma **scorrere**[41] dal **finestrino**[42] del tram e sente che, tra una cena difficile e un sorriso **ritrovato**[43], sta imparando che curare le persone significa anche entrare nel loro mondo, con rispetto e pazienza.

Riassunto della storia

A cena con i genitori di Lucia, Leonardo affronta il giudizio sospettoso del padre, che lo provoca con una frecciatina sulla fede. Il giorno dopo, Mirtile cucina per il reparto, riscoprendo vitalità. Leonardo riflette che non serve solo curare il corpo ma anche la mente ed il cuore.

Summary of the story

At dinner with Lucia's parents, Leonardo faces the father's suspicious judgment, hinted at through a remark about faith. The next day, Mirtile cooks for the ward, regaining vitality. Leonardo reflects that healing means not only treating the body but also the mind and heart.

Cultural Insight – Il Monte dei Cocci a Testaccio

Nel centro di Roma nel quartiere (*neighbourhood*) di Testaccio, il **Monte dei Cocci** è una collina artificiale formata da milioni di **anfore di terracotta**. Queste erano usate nell'antica Roma per il trasporto di olio e vino, ed accumulate (*stockpiled*) in questa 'discarica (*landfill*)'. Molte anfore conservano ancora (*still preserve*) i marchi (*trademarks*) originali, con il nome dell'esportatore (*exporter*), il tipo di prodotto e la data. Oggi Testaccio è famoso per la sua **autentica cucina romana**. Qui molte trattorie si trovano proprio (*they are located exactly*) nelle grotte scavate (*caves dug*) nel Monte dei Cocci, un tempo (*once*) usate come magazzini (*warehouses*) romani.

Vocabolario

1   **stufati**   stews
2   **spezie**   spices
3   **alcune pareti espongono**   some walls exhibit/display
4   **il Monte dei Cocci**   an artificial hill made of dumped fragments of amphorae and pottery
5   **anfore e ceramiche**   amphoras/urns and pottery
6   **calorosa**   warm
7   **allora**   so
8   **si va**   one goes

9 **beh** well

10 **praticante** practicing (religious)

11 **accelerare** to accelerate

12 **leggerezza** lightness

13 **rimediare** to make up for it

14 **ti viene voglia** (it) makes you want

15 **più che pregare** more than praying

16 **forchetta** fork

17 **si ferma** (it) stops

18 **a mezz'aria** in mid-air

19 **calcio** kick

20 **spalancati** wide open

21 **si schiarisce la voce** (he) clears his throat

22 **posa** (he) puts down

23 **non crede in nulla** one believes in nothing

24 **radici** roots

25 **frecciatina** cutting remark / sharp words

26 **duro** hard

27 **guadagnarsi la fiducia** to earn the trust

28 **sfida** challenge

29 **borsa della spesa** shopping bag

30 **aiutanti** assistants

31 **stupiti** astonished

32 **si mettono ai fornelli** (they) start cooking

33 **mescola** (she) stirs

34 **aneddoti** anecdotes

35 **giovinezza** youth

36 **rubavano** they used to steal

37 **mi abbia già messo alla prova** (he) has already tested me

38 **cambiano sguardo** they change the way they look at you

39 **tieni davvero** you really care

40 **prima o poi** sooner or later

41 **scorrere** to pass by

42 **finestrino** window (of a vehicle)

43 **ritrovato** rediscovered

Domande a risposta multipla

1) Qual è il significato implicito della frase del padre di Lucia: «Chi non crede in nulla, spesso finisce per non avere radici»?

   a. Sta parlando in generale, ma intende mettere in dubbio la solidità di Leonardo.

   b. Vuole sottolineare l'importanza della religione per la cultura italiana.

   c. È un complimento indiretto alla fede della figlia, senza riferirsi a Leonardo.

2) Perché la cucina diventa una forma di "terapia" per Mirtile?

    a. Perché cucinando guarisce totalmente dall'artrite.

    b. Perché cucinare la riconnette ai ricordi, alla famiglia e alla sua identità.

    c. Perché il cibo sostituisce i farmaci come unica cura per la sua malattia.

3) Quale riflessione fa Leonardo alla fine del capitolo?

    a. Che per curare bene i pazienti servono più strumenti tecnologici.

    b. Che il padre di Lucia non lo accetterà mai del tutto.

    c. Che curare significa prendersi cura non solo del corpo, ma anche della mente e del cuore.

Risposte

1) **A**

2) **B**

3) **C**

Il vecchio ribelle - The old rebel

CAPITOLO 3

Parte 3.1

Troppa paura - Too much fear

Il turno del martedì mattina comincia con un **urlo**[1] **insolito**[2] che **rompe**[3] il silenzio del reparto di geriatria: «**Lasciatemi in pace**[4]! Non ho bisogno di nessuno!»

Leonardo e Fabio si scambiano uno sguardo e chiedono a Padre Lorenzo **in coro**[5]: «Ma chi è?»

«Vittorio. Novant'anni, è stato ammesso per un **battito cardiaco anomalo**[6]. Non vuole visite, non vuole medicine... non vuole niente.» **spiega**[7] Padre Lorenzo. «La moglie dice che **ultimamente**[8] è molto aggressivo e parla spesso della guerra[9]. Il padre e i fratelli sono morti durante la **seconda guerra mondiale**[10].»

Entrano nella stanza di Vittorio, un uomo magro con capelli bianchi **arruffati**[11]. Indossa il pigiama dell'ospedale ma tiene una vecchia giacca sulle spalle, **come se fosse**[12] pronto a **scappare**[13].

«Buongiorno, signor Vittorio.» dice Fabio con il suo solito tono allegro.

«**Non c'è niente di buono**[14]. Uscite.» urla Vittorio furioso.

Leonardo rimane calmo. «Siamo qui solo per controllare come va il cuore.»

«Il cuore? Il mio cuore ha resistito a bombe, **spari**[15], notti **insonni**[16] quando ero più giovane di voi. Non ha bisogno di cure.»

All'improvviso, Vittorio inspira **bruscamente**[17] e si porta la mano al petto. Gli occhi **si spalancano**[18].

«Respiri piano, signor Vittorio.» dice Leonardo avvicinandosi. «È solo ansia. La paura **gioca brutti scherzi**[19].»

Ci vogliono[20] alcuni minuti prima che il respiro di Vittorio torni regolare. Fabio prende la pressione: è alta, ma **stabile**[21].

«Non è **niente di grave**[22].» rassicura Leonardo. «Ma il corpo sente quello che la **mente**[23] non vuole ammettere.»

Vittorio lo guarda con occhi **lucidi**[24], pieni di **orgoglio ferito**[25]. «Non avete idea di cosa significhi... vedere tutte le persone **più care**[26] morire in un giorno solo.»

Mentre i due dottori escono dalla stanza, un uomo in giacca e **cravatta**[27] sta parlando con un'infermiera nel corridoio. «Cerco Leonardo De Angelis.» La voce è ferma, quasi fredda.

Leonardo si avvicina. «Sono io.»

«Edoardo De Angelis, **notaio**[28]. Sono... tuo **cugino alla lontana**[29].» si presenta l'uomo, senza **allungare**[30] la mano. «Ho sentito che stai cercando informazioni su mio nonno, Francesco De Angelis.»

Leonardo annuisce, sorpreso dall'**incontro**[31]. «Vorrei solo capire meglio la sua storia, la sua morte... e la nostra famiglia.»

Edoardo **stringe le labbra**[32]. «La famiglia è memoria, non **cronaca**[33]. E non tutto deve essere aperto **al primo che arriva**[34]. Non insistere.»

Detto questo[35], **si allontana**[36] senza attendere risposta. Leonardo resta immobile nel corridoio, con un **misto**[37] di curiosità e frustrazione.

Fabio rompe il silenzio. «Direi che la mattina è iniziata bene: un paziente che **ci caccia**[38] e un **parente**[39] che non vuole parlarti.»

Leonardo sospira. «Sì... **eppure**[40] sento che queste due storie sono più simili **di quanto sembri**[41]. **Entrambi**[42] hanno paura di parlare del passato.»

Riassunto della storia

Nel reparto di geriatria, Leonardo e Fabio incontrano Vittorio, un anziano segnato dalla guerra che rifiuta cure e ricordi dolorosi. Poco dopo, Leonardo conosce Edoardo, un cugino diffidente che gli nega informazioni sul nonno Francesco. Entrambi nascondono ferite del passato.

Summary of the story

In the geriatric ward, Leonardo and Fabio meet Vittorio, an elderly man scarred by war who refuses treatment and painful memories. Shortly after, Leonardo meets Edoardo, a distant cousin who denies him information about grandfather Francesco. Both conceal wounds from the past.

Cultural Insight – Roma e La Memoria della Liberazione

Gli anni della **Seconda Guerra Mondiale** (*Second World War*) hanno lasciato segni (*marks*) profondi nella città di Roma. Il **Museo Storico della Liberazione** si trova proprio (*is located exactly*) dove i nazisti detennero (*apprehended*) e torturarono gli antifascisti romani. Oggi è un luogo di memoria e riflessione, con documenti e celle originali restaurate, aperto gratuitamente (*with free entry*) al pubblico.

Vocabolario

1   **urlo**   scream / shout
2   **insolito**   unusual
3   **rompe**   (it) breaks
4   **lasciatemi in pace**   leave me alone
5   **in coro**   in chorus
6   **battito cardiaco anomalo**   irregular heartbeat
7   **spiega**   (he) explains
8   **ultimamente**   lately
9   **guerra**   war
10 **seconda guerra mondiale**   Second World War
11 **arruffati**   messy
12 **come se fosse**   as if he were
13 **scappare**   to escape

14 **non c 'è niente di buono** there is nothing good

15 **spari** gunshots

16 **insonni** sleepless

17 **bruscamente** suddenly

18 **si spalancano** they open wide

19 **gioca brutti scherzi** (it) plays bad tricks

20 **ci vogliono** it takes

21 **stabile** stable

22 **niente di grave** nothing serious

23 **mente** mind

24 **lucidi** glassy / tearful

25 **orgoglio ferito** wounded pride

26 **più care** dearest

27 **cravatta** tie

28 **notaio** notary

29 **cugino alla lontana** distant cousin

30 **allungare** to extend / stretch

31 **incontro** meeting

32 **stringe le labbra** (he) purses his lips

33 **cronaca** news / report

34 **al primo che arriva** to the first who comes/asks

35 **detto questo** having said that

36 **si allontana** (he) walks away

37 **misto** mixture

38 **ci caccia** (he) throws us out

39 **parente** relative

40 **eppure** yet / nevertheless

41 **di quanto sembri** than it seems

42 **entrambi** both

Domande a risposta multipla

1) Qual è il motivo principale per cui Vittorio rifiuta cure e attenzioni in ospedale?

   a. Non crede nei medici moderni e preferisce rimedi tradizionali.

   b. Non sente alcun sintomo fisico e ritiene superfluo il ricovero.

   c. È segnato dai traumi della guerra e non vuole mostrare fragilità.

2) Come reagisce Edoardo quando incontra Leonardo nel corridoio del reparto?

   a. Lo accoglie con calore e gli offre subito di condividere documenti di famiglia.

   b. Si presenta con freddezza, rifiutando di condividere dettagli sul nonno Francesco.

   c. Rimane in silenzio e lascia che sia Fabio a rispondere al posto di Leonardo.

3) Quale collegamento intuisce Leonardo tra la storia di Vittorio e quella di Edoardo?

    a. Entrambi hanno paura di parlare del passato.

    b. Entrambi nascondono lettere di famiglia che non vogliono condividere.

    c. Entrambi soffrono di malattie cardiache croniche non trattate.

Risposte

1) **C**

2) **B**

3) **A**

CAPITOLO 3

Parte 3.2

Una festa per vivere - A party to live

Negli ultimi giorni, Vittorio è nervoso, **più del solito**[1]. Si rifiuta di fare gli esami, resta vestito con giacca e scarpe, pronto a **muoversi**[2] da un momento all'altro.

Leonardo nota che il calendario accanto al letto ha una data **cerchiata**[3] in rosso: 24 marzo.

«Un compleanno importante?» chiede con **tono leggero**[4].

«Il 24 marzo. Il giorno in cui **mi hanno rubato**[5] l'**infanzia**[6].» **mormora**[7] Vittorio.

Il mattino del 24 marzo, Leonardo **scopre**[8] che Vittorio è **sparito**[9] dal reparto. Panico. **Infermieri**[10], medici, vigilanti: tutti **lo cercano**[11].

Padre Lorenzo trova Vittorio nel cortile, che **finge di fumare**[12] con un **bastoncino di liquirizia**[13].

«Sta cercando di uscire dal **cancello**[14] sul **retro**[15].» dice il cappellano.

Leonardo lo raggiunge. «Signor Vittorio! Ma dove va?»

«Alle **Fosse Ardeatine**[16]. Mio padre ed i miei fratelli **sono stati fucilati**[17] lì. Il 24 marzo 1944. Il giorno del mio **decimo**[18] compleanno. E alla commemorazione oggi ci sarà il **presidente della repubblica**[19]. Voglio **esserci**[20].» risponde Vittorio **secco**[21].

Leonardo si guarda attorno, poi **fissa**[22] Padre Lorenzo. «E se... **aiutassimo**[23] Vittorio a **farlo davvero**[24]?»

Un'ora dopo, Leonardo e Vittorio salgono su un taxi. Vittorio indossa la sua giacca più elegante e ha un **fiore di campo**[25] **stretto in mano**[26].

All'ingresso del Monumento alle Fosse Ardeatine si legge una **targa**[27]:

"Qui sono morti per la libertà 335 italiani. **Non dimenticare**[28]."

Alla cerimonia ufficiale, tra **bandiere**[29] e **discorsi**[30] del Presidente della Repubblica e di altre autorità, Vittorio **si ferma**[31] davanti ad una delle **tombe**[32]. «Papà, oggi ho 91 anni. E sono ancora qui.» sussurra.

Leonardo si allontana **in punta di piedi**[33]. È un momento solo per loro.

Il pomeriggio, rientrati in ospedale, Leonardo ha una sorpresa. Nella sala comune, ha organizzato una **festa improvvisata**[34].

Ci sono alcuni parenti delle vittime, contattati con l'aiuto di Padre Lorenzo, che **si abbracciano**[35] e **raccontano**[36] ricordi di guerra, di padri e fratelli **persi**[37].

C'è anche una torta semplice con un biglietto per Vittorio:

"**Finché**[38] c'è vita, c'è **speranza**[39]."

Vittorio non dice molto, ma ascolta.

Quando una donna racconta che il padre **le lasciava**[40] sempre una **caramella**[41] sotto il **cuscino**[42] prima di dormire, Vittorio sorride. «Mio padre faceva lo stesso con me e con i miei fratelli.»

Leonardo si avvicina con una cartellina. «Signor Vittorio, abbiamo finalmente capito cos'ha il suo cuore. **Soffre**[43] di PTSD, **disturbo da stress post-traumatico**[44]. È quello che succede quando un **dolore antico**[45] e terribile continua a vivere dentro di noi, e il corpo **reagisce**[46] **come se fosse ancora**[47] quel giorno. Quindi nessuna **pillola inutile**[48], solo ascolto[49], movimento e compagnia. Ho già mandato tutti i documenti a uno psicologo bravissimo che conosco.»

Vittorio annuisce piano. «**Per una volta**[50], accetto.»

Più tardi, mentre Leonardo e Fabio puliscono la sala comune dopo la festa, Fabio sussurra: «Festeggiare un compleanno mentre **ti portano via**[51] il padre ed i fratelli... dev'essere un trauma impossibile da cancellare.»

«**Almeno**[52] oggi sento di **aver restituito**[53] a Vittorio un po' della sua infanzia. Almeno per qualche ora.» risponde Leonardo.

Fabio annuisce. «Forse non dobbiamo **togliere**[54] il dolore agli altri... solo far loro compagnia il giorno in cui il dolore **torna a bussare**[55], anche se **oppongono**[56] resistenza.»

Leonardo sospira. "Eh sì, come la resistenza che **mi ha dimostrato**[57] oggi Edoardo, il nipote di Francesco."

Fabio lo guarda. «**Se fossi in te**[58], **non lo forzerei**[59]. Gli farei capire che sei lì per ascoltare... e aspetterei il momento in cui sarà lui a bussare alla tua **porta**[60].»

Riassunto della storia

Vittorio, segnato dal trauma della morte di suo padre e dei fratelli il 24 marzo 1944 durante la seconda guerra mondiale, tenta di fuggire dall'ospedale per partecipare alla commemorazione delle Fosse Ardeatine. Leonardo lo accompagna, poi organizza una festa con familiari e ricordi condivisi. Vittorio viene diagnosticato con PTSD ed accetta finalmente aiuto.

Summary of the story

Vittorio, scarred by the trauma of losing his father and brothers on March 24, 1944, during World War II, tries to escape the hospital to attend the Fosse Ardeatine commemoration. Leonardo accompanies him, later organizing a gathering with relatives and shared memories. Vittorio is diagnosed with PTSD and finally accepts help.

Cultural Insight – Le Fosse Ardeatine e Via Rasella

Durante l'occupazione nazista di Roma nel 1944, un gruppo di partigiani (*partisans against Fascism*) attacca una pattuglia (*patrol/squad*) tedesca in **Via Rasella**, nel centro della città. Come rappresaglia (*reprisal*), i nazisti uccidono (*kill*) 335 civili e prigionieri italiani nelle **Fosse Ardeatine**, antiche catacombe cristiane alla periferia sud di Roma. Tra le vittime c'erano anche sacerdoti (*priests*), militari e semplici cittadini (*simple citizens*) arrestati per caso (*by chance*) nei giorni successivi (*following*) all'attacco. Oggi le Fosse Ardeatine sono un **sacrario nazionale**, simbolo del coraggio e del dolore del popolo romano.

Vocabolario

1 **più del solito** more than usual
2 **muoversi** to move
3 **cerchiata** circled
4 **tono leggero** light tone
5 **mi hanno rubato** they stole from me
6 **infanzia** childhood
7 **mormora** (he) murmurs
8 **scopre** (he) discovers
9 **è sparito** (he) has disappeared
10 **infermieri** nurses
11 **lo cercano** they look for him
12 **finge di fumare** (he) pretends to smoke
13 **bastoncino di liquirizia** licorice stick
14 **cancello** gate
15 **retro** back
16 **Fosse Ardeatine** Ardeatine Caves
17 **sono stati fucilati** they were shot

18 **decimo** tenth

19 **presidente della repubblica** President of the Republic

20 **esserci** to be there

21 **secco** abrupt

22 **fissa** (he) stares

23 **aiutassimo** we helped

24 **farlo davvero** to really do it

25 **fiore di campo** wildflower

26 **stretto in mano** tight in (his) hand

27 **targa** plaque

28 **non dimenticare** do not forget

29 **bandiere** flags

30 **discorsi** speeches

31 **si ferma** (he) stops

32 **tombe** tombs

33 **in punta di piedi** on tiptoe

34 **festa improvvisata** improvised party

35 **si abbracciano** they hug each other

36 **raccontano** they tell

37 **persi** lost

38 **finché** As long as

39 **speranza** hope

40 **le lasciava** (he) was leaving for her

41 **caramella** candy / sweet

42 **cuscino** pillow

43 **soffre** you suffer (formal)

44 **disturbo da stress post-traumatico** post-traumatic stress disorder

45 **dolore antico** ancient pain

46 **reagisce** (it) reacts

47 **come se fosse ancora** as if it were still

48 **pillola inutile** useless pill

49 **ascolto** listening

50 **per una volta** for once

51 **ti portano via** they take away

52 **almeno** at least

53 **aver restituito** to have given back

54 **togliere** to remove

55 **torna a bussare** (it) knocks again

56 **oppongono** they oppose

57 **mi ha dimostrato** (he) showed me

58 **se fossi in te** if I were you

59 **non lo forzerei** I would not force him

60 **porta** door

Domande a risposta multipla

1) Perché Vittorio tenta di lasciare l'ospedale il 24 marzo?

a. Per visitare la sua casa d'infanzia.

b. Per partecipare alla commemorazione delle Fosse Ardeatine per suo padre e i fratelli.

c. Per fuggire dalle cure mediche che non si fida di ricevere.

2) Qual è il significato della festa organizzata da Leonardo al ritorno in ospedale?

a. È solo un modo per distrarre Vittorio dai suoi sintomi.

b. È un rituale simbolico che restituisce a Vittorio legami e ricordi familiari.

c. È una celebrazione ufficiale promossa dal Policlinico.

3) Cosa rivela la diagnosi di PTSD sul rapporto tra memoria e corpo nel caso di Vittorio?

a. Che il corpo può continuare a reagire a un trauma come se fosse presente.

b. Che i sintomi fisici del cuore non hanno alcuna connessione con la mente.

c. Che il PTSD è una malattia solo genetica e non legata alle esperienze personali.

Risposte

1) **B**

2) **B**

3) **A**

La terapia del mare - The sea therapy

CAPITOLO 4

Parte 4.1

Il rimpianto - The regret

Il mercoledì mattina il reparto è **insolitamente**[1] silenzioso. Leonardo **sfoglia**[2] la lista dei pazienti e legge:

Renata, 78 anni, **cadute**[3] frequenti e **perdita di peso**[4].

Quando entra nella stanza con Fabio, trova una donna elegante **nonostante**[5] il pigiama: capelli grigi raccolti, **un filo di rossetto sbiadito**[6]. Sta seduta sul letto, lo sguardo fisso sulla finestra chiusa.

Il pigiama **le cade largo**[7] sulle spalle, come se avesse perso peso **in fretta**[8].

«Buongiorno, signora Renata.» dice lui, cercando il suo sguardo.

«Buongiorno, dottori...» risponde piano, cercando di alzarsi.

Leonardo allunga la mano per aiutarla, ma lei rifiuta. «Grazie, ma **ce la faccio**[9] da sola.» Raggiunge la sedia vicino alla finestra.

Mentre Fabio le prende la pressione, nota che il bicchiere d'acqua sul **comodino**[10] è ancora **pieno**[11].

«**Non ha bevuto**[12] niente stamattina?» chiede Fabio incuriosito.

«Non mi va. Non ho **sete**[13].» Renata scuote la testa. «E poi ho difficoltà a **deglutire**[14]...»

Leonardo le osserva i piedi: le dita appaiono leggermente deformate, la **pelle**[15] è sottile. «Ha avuto altre cadute **di recente**[16]?»

Renata sospira. «**Più di quante voglia ricordare**[17].»

Leonardo annota:

Perdita di **sensibilità**[18] a gambe e piedi, frequenti cadute, difficoltà a deglutire.

«C'è qualcosa che non va. Non è solo **vecchiaia**[19]. Fabio, puoi chiedere esami genetici al laboratorio di Silvia?» chiede Leonardo.

«Certo, vado subito!» annuisce Fabio, uscendo dalla stanza.

Renata **tossisce**[20] forte. Leonardo **le allunga**[21] il bicchiere d'acqua. «Bere acqua la aiuterà a stare meglio.»

Lei stringe le labbra. «Non mi interessa stare meglio. È da vent'anni che **non tocco neanche più**[22] l'acqua del mare. Posso stare senz'acqua.»

Poco dopo, Leonardo **si reca**[23] nella sala medici e trova Fabio seduto con il telefono in mano. «Tutto bene?»

«No.» sospira Fabio. «Silvia è **a pezzi**[24]. Sua madre sta peggio. Lei non si ferma un attimo. **Fa i turni**[25] al laboratorio, **si occupa**[26] del fratellino e del padre… e non accetta aiuto. Stamattina **si è addormentata**[27] durante il turno in laboratorio.»

Preoccupato, Fabio va con Leonardo a cercare Padre Lorenzo. Lo trovano vicino alla cappella.

«Padre, come possiamo aiutare Silvia?» chiede Fabio dopo **aver spiegato**[28] la situazione di Silvia. «Se **le proponiamo**[29] soluzioni, **lei si chiude**[30] ancora di più.»

Il cappellano annuisce. «A volte il problema non è trovare la risposta, ma **stare accanto**[31] finché la persona non è pronta a **farci entrare**[32]. Non cercate di risolvere tutto: offrite presenza, non solo **consigli**[33].»

Fabio resta in silenzio, riflettendo su quelle parole. Leonardo commenta: «Oggi la nuova paziente, Renata, **mi ha ricordato**[34] Silvia. **Testarda**[35]. Non si vuole far aiutare. Non va al mare da vent'anni.»

Padre Lorenzo sorride. «Renata mi ha raccontato che ogni anno a **Ferragosto**[36] andava al mare a Ostia con il marito. Era la loro tradizione. Dopo che il marito **se n'è andato**[37] vent'anni fa, **non c'è più voluta**[38] tornare. Quella donna ha chiuso la porta da quando **ha perso**[39] il marito. Ma forse, se qualcuno **le ricordasse**[40] che il mare esiste ancora...»

Leonardo incrocia lo sguardo di Fabio. «Magari quel qualcuno potremmo essere noi.»

Riassunto della storia

Leonardo e Fabio incontrano Renata, un'anziana elegante ma fragile che rifiuta cure e acqua, segnata dalla perdita del marito. In parallelo, Silvia è esausta per la malattia della madre. Padre Lorenzo racconta ai due medici che Renata ha smesso di andare al mare dopo la morte del

marito vent'anni fa e gli ricorda l'importanza della presenza accanto alle persone amate oltre ad offrire consigli.

Summary of the story

Leonardo and Fabio meet Renata, an elegant but fragile elderly woman who refuses care and water, scarred by the loss of her husband. Meanwhile, Silvia is exhausted by her mother's illness. Father Lorenzo tells the two doctors that Renata stopped going to the sea after her husband's death twenty years ago, reminding them of the importance of presence alongside loved ones, beyond offering advice.

Cultural Insight – Le vacanze degli italiani

Gli italiani amano viaggiare, ma restano molto legati al proprio Paese: molti scelgono **mare, montagna o borghi** (*hamlets*) **storici** per le vacanze, spesso con la famiglia o gli amici. In estate, le mete più popolari sono la Sardegna, la Puglia e la Sicilia, mentre in inverno vanno di moda (*are trendy*) le Alpi e le città d'arte. Ad agosto, durante il famoso '**Ferragosto**', la maggioranza degli italiani vanno in vacanza e le città si svuotano (*become empty*).

Vocabulary

1   **insolitamente**   unusually
2   **sfoglia**   (he) leafs through
3   **cadute**   falls
4   **perdita di peso**   weight loss
5   **nonostante**   despite
6   **un filo di rossetto sbiadito**   a faint line of faded lipstick
7   **le cade largo**   (it) falls loosely
8   **in fretta**   quickly
9   **ce la faccio**   I can manage
10   **comodino**   bedside table
11   **pieno**   full
12   **non ha bevuto**   haven't you drunk (formal)
13   **sete**   thirst
14   **deglutire**   to swallow
15   **pelle**   skin
16   **di recente**   recently
17   **più di quante voglia ricordare**   more than I want to remember
18   **sensibilità**   sensitivity
19   **vecchiaia**   old age
20   **tossisce**   (she) coughs
21   **le allunga**   (he) hands her
22   **non tocco neanche più**   I haven't even touched anymore

23 **si reca** (he) goes

24 **a pezzi** exhausted

25 **fa i turni** (she) does shifts

26 **si occupa** (she) takes care

27 **si è addormentata** (she) fell asleep

28 **aver spiegato** having explained

29 **le proponiamo** we propose

30 **lei si chiude** (she) shuts herself

31 **stare accanto** to stay close

32 **farci entrare** to let us in

33 **consigli** advice

34 **mi ha ricordato** (she) reminded me

35 **testarda** stubborn

36 **Ferragosto** August 15th (national holiday in Italy)

37 **se n'è andato** (he) left / died

38 **non c'è più voluta** (she) no longer wanted

39 **ha perso** (she) lost

40 **le ricordasse** (someone) reminded her

Domande a risposta multipla

1) Perché Renata rifiuta di bere acqua e di farsi aiutare?

   a. Perché ha perso interesse a vivere dopo la morte del marito.

   b. Perché ha paura delle medicine e dei dottori.

c. Perché soffre di un'allergia che le impedisce di bere acqua.

2) Quale parallelismo nota Leonardo tra Renata e Silvia?

a. Entrambe mostrano testardaggine e difficoltà ad accettare aiuto.

b. Entrambe hanno perso un marito di recente.

c. Entrambe rifiutano di mangiare e bere per protesta.

3) Qual è il consiglio di Padre Lorenzo su come aiutare Silvia?

a. Proporre soluzioni pratiche e insistere con fermezza.

b. Convincere i familiari a prendersi carico al suo posto.

c. Offrire presenza e ascolto, non solo consigli.

Risposte

1) **A**

2) **A**

3) **C**

CAPITOLO 4

Parte 4.2

Il mare finalmente - Finally the sea

Due giorni dopo, arrivano i risultati degli esami di Renata: malattia di Charcot-Marie-Tooth.

Leonardo legge il **referto**[1] e va da Renata. La trova seduta, **intenta**[2] a sistemare i **bottoni**[3] di una **camicetta**[4] con **gesti lenti**[5].

«Signora Renata.» dice sedendosi accanto a lei. «Ho i risultati. Lei ha una malattia genetica che si chiama Charcot-Marie-Tooth. **Colpisce**[6] i nervi delle gambe e delle braccia, **riducendo**[7] la **forza**[8] e la sensibilità. Non si può **guarire**[9], ma possiamo **rallentare**[10] i sintomi con fisioterapia, tutori per **caviglie**[11] e piedi, e **movimenti dolci**[12]. E... ho pensato a una terapia speciale.»

Lei solleva un **sopracciglio**[13]. «Un'altra pillola?»

«No.» sorride Leonardo. «Un viaggio. A Ostia.»

Renata resta in silenzio, **fissandolo**[14]. «Sono vent'anni che non ci vado. Tutti gli anni preparo una **valigia**[15] ma poi non ho il coraggio di prendere il treno per Ostia...»

«Tra il dire e il fare c'è di mezzo il mare[16]**.»** mormora Leonardo.

Lei annuisce. «E io, in mezzo, mi sono fermata per vent'anni. Va bene, dottore. **Mi fido di Lei**[17]**!**»

Il sabato mattina, il gruppo è pronto: Leonardo, Fabio, Padre Lorenzo, Lucia, e Renata.

C'è anche un **ospite**[18] speciale: Mauro, il fratellino di Silvia. Fabio **ha seguito**[19] il consiglio di Padre Lorenzo e si è offerto di **prendersi cura**[20] del fratellino di Silvia mentre lei si prepara per un esame importante del tirocinio. E soprattutto, mentre lei **si riposa**[21].

Durante il **tragitto**[22] nel **pulmino**[23] dell'ospedale, Renata osserva i **palazzi**[24] che **si diradano**[25], lasciando **spazio**[26] a **pini marittimi**[27] e strade **sabbiose**[28].

«Questa via **la percorrevamo**[29] ogni estate.» racconta Renata. «Mio marito guidava e io preparavo i panini con mozzarella e pomodorini. **Immancabilmente**[30] **sporcavo**[31] il mio **sedile**[32], ma lui non **si arrabbiava**[33] mai.»

Quando arrivano ad Ostia sul **lungomare**[34], l'aria è **impregnata**[35] di sale e di **fritto misto**[36] **proveniente**[37] dai **chioschi**[38].

Lucia **spinge**[39] lentamente la **sedia a rotelle**[40] di Renata fino alla **riva**[41]. Il vento **le solleva**[42] i capelli, e Renata **inspira**[43] profondamente. «È sempre lo **stesso odore**[44].»

Leonardo **le toglie**[45] le scarpe e le calze, lasciando che l'acqua **le bagni**[46] i piedi. Lei ride piano, come una bambina.

Anche il fratellino di Silvia ride allegramente ed inizia a spingere la sedia a rotella di Renata correndo. La spiaggia **si riempie**[47] di **risate**[48] e **schizzi**[49] d'acqua.

Fabio arriva con una bottiglietta d'acqua. «Provi quest'acqua, Signora Renata. È **meno salata**[50].»

Renata beve **a piccoli sorsi**[51], poi **a pieni bicchieri**[52]. «Avevo **dimenticato**[53] che l'acqua **potesse essere**[54] così buona.»

Padre Lorenzo, accanto a Leonardo, osserva la scena. «In Italia **rimandiamo**[55] tutto, anche la felicità. Ma poi arriva qualcuno che **ci guida**[56] dove avevamo paura di andare.»

Leonardo annuisce. «E tutto questo grazie ai Suoi preziosi consigli, Padre Lorenzo!»

Al ritorno[57], Silvia li aspetta all'entrata dell'ospedale. Ha gli occhi più riposati. «Com'è andata?» chiede, abbracciando il fratellino Mauro.

Renata sorride. «Il mare è ancora lì… e io anche.»

Più tardi, Silvia confida a Fabio: «Pensavo che amare **volesse dire**[58] sacrificare tutto. Ora capisco che amare è anche lasciarsi aiutare.»

Fabio abbraccia Silvia con **dolcezza**[59]. «La felicità **non può essere sempre rimandata**[60]. Io sono qui per te, Silvia.»

Riassunto della storia

Leonardo diagnostica a Renata la malattia di Charcot-Marie-Tooth e propone una terapia speciale: tornare al mare dopo vent'anni dove Mauro, Renata riscopre gioia e fiducia e beve acqua a pieni bicchieri. Fabio decide di portare al mare anche Mauro, il fratellino di Silvia, per aiutarla a riposare. Anche Silvia impara ad accettare aiuto e amore.

Summary of the story

Leonardo diagnoses Renata with Charcot-Marie-Tooth disease and suggests a special therapy: returning to the sea after twenty years, where she rediscovers joy, trust, and drinks water eagerly. Fabio also brings Mauro, Silvia's younger brother, to the seaside to help her rest. Silvia, in turn, learns to accept help and love.

Cultural Insight – Ostia Nuova e Ostia Antica

A soli trenta chilometri da Roma, Ostia è una delle **mete balneari** (*seaside destinations*) **preferite dai romani**, che in estate raggiungono la costa anche con il trenino (*small train*) 'Freccia (*arrow*) del Mare'. Poco distante da Ostia Nuova si trova **Ostia Antica**, l'antico porto dell'Impero Romano, oggi uno dei siti archeologici più affascinanti d'Italia. Qui si possono ammirare **teatri, templi, terme, mosaici**, oltre alle **latrine** (*outhouses*) **pubbliche** e al **Thermopoleum**, dove si servivano (*they were served*) pasti caldi e vino. Ostia Antica è spesso chiamato la '**Pompei di Roma**' per il suo eccezionale stato di conservazione.

Vocabulary

1 **referto** report
2 **intenta** intent / busy
3 **bottoni** buttons
4 **camicetta** blouse
5 **gesti lenti** slow gestures

6 **colpisce** (it) affects

7 **riducendo** reducing

8 **forza** strength

9 **guarire** to heal

10 **rallentare** to slow down

11 **caviglie** ankles

12 **movimenti dolci** gentle movements

13 **sopracciglio** eyebrow

14 **fissandolo** staring at him

15 **valigia** suitcase

16 **tra il dire e il fare c'è di mezzo il mare** an ocean lies between what is said and what is done (meaning 'easier said than done')

17 **mi fido di Lei** I trust you (formal)

18 **ospite** guest

19 **ha seguito** (he) followed

20 **prendersi cura** to take care

21 **si riposa** (she) rests

22 **tragitto** journey

23 **pulmino** minibus

24 **palazzi** buildings

25 **si diradano** they thin out

26 **spazio** space

27 **pini marittimi** maritime pines

28 **sabbiose** sandy

29 **la percorrevamo** we used to travel it

30 **immancabilmente** invariably

31 **sporcavo** I dirtied

32 **sedile** seat

33 **si arrabbiava** (he) got angry

34 **lungomare** seafront

35 **impregnata** soaked

36 **fritto misto** variety of fried fish

37 **proveniente** coming from

38 **chioschi** kiosks

39 **spinge** (she) pushes

40 **sedia a rotelle** wheelchair

41 **riva** shore

42 **le solleva** (it) lifts her (hair)

43 **inspira** (she) inhales

44 **stesso odore** same smell

45 **le toglie** (he) takes off

46 **le bagni** (it) wets her (feet)

47 **si riempie** (it) fills up

48 **risate** laughter

49 **schizzi** splashes

50 **meno salata** less salty

51 **a piccoli sorsi** in small sips

52 **a pieni bicchieri** in full glasses

53 **avevo dimenticato** I had forgotten

54 **potesse essere** (it) could be

55 **rimandiamo** we postpone

56 **ci guida** (who) guides us

57 **al ritorno** on the way back

58 **volesse dire** (it) meant

59 **dolcezza** gentleness

60 **non può essere sempre rimandata** (it) cannot always be postponed

Domande a risposta multipla

1) Il ritorno al mare rappresenta una "terapia speciale" per Renata perché:

   a. Le permette di rivivere ricordi felici e riconciliarsi con la perdita del marito.

   b. Perché il mare ha un effetto medico diretto sui suoi nervi e migliora la malattia.

   c. Perché uscire dall'ospedale è sufficiente a guarire i sintomi.

2) Cosa suggerisce Padre Lorenzo quando dice: "In Italia rimandiamo tutto, anche la felicità"?

   a. Che gli italiani non apprezzano mai davvero i piccoli momenti di gioia.

   b. Che spesso si procrastina la felicità per paura o abitudine.

c. Che la felicità è sempre un obiettivo lontano e quasi irraggiungibile.

3) In che modo l'esperienza di Renata influenza indirettamente Silvia?

a. Le insegna che solo il mare può curare i dolori più profondi.

b. Le conferma che sacrificarsi senza sosta è l'unico modo per dimostrare amore.

c. Le mostra che accettare aiuto non è segno di debolezza, ma di amore e fiducia.

Risposte

1) **A**

2) **B**

3) **C**

Il re del Trentasette - The king of Thirtyseven

CAPITOLO 5

Parte 5.1

Un uomo solo - A lonely man

Il venerdì mattina, Leonardo **scorre**[1] la lista dei pazienti fino a un nome che non conosce:

Cesare Bianchi, 84 anni. **Disturbi di memoria**[2].

Quando entra nella stanza di Cesare con Fabio, trova un uomo ancora robusto, nonostante l'età. I capelli grigi sono **tagliati**[3] corti, le mani grandi e **nodose**[4]. Sta in piedi, con le **braccia conserte**[5], lo sguardo fisso sul pavimento.

«Buongiorno, signor Cesare.» **esordisce**[6] Leonardo con un sorriso.

«Mh.» **mugugna**[7] l'uomo, senza alzare lo sguardo.

«Ha dormito bene?» chiede Fabio.

«Non lo so.» Cesare guarda nel **vuoto**[8].

«Com'era la colazione?» cerca di continuare la conversazione Leonardo.

Cesare guarda distratto il **vassoio**[9] vuoto sul tavolo della camera. «Non ricordo.»

«Qual'è l'ultimo episodio che si ricorda?» insiste Leonardo.

In quel momento, dalla porta **si affaccia**[10] Padre Lorenzo, con una **cartella**[11] in mano. La passa a Fabio che legge in silenzio i risultati degli esami di Cesare.

Poi si avvicina a Leonardo e sussurra: «Test di memoria **inconcludenti**[12]. Non è Alzheimer, ma non si capisce **cosa sia**[13].»

Padre Lorenzo dice con **tono pacato**[14]: «Ragazzi, voi medici sapete leggere il cuore, il **cervello**[15], il **sangue**[16]... ma **ricordatevi**[17] di imparare a leggere anche la **solitudine**[18]. È una diagnosi che **non compare**[19] mai nelle cartelle cliniche, ma che **pesa quanto le altre**[20].»

Leonardo annuisce, riflettendo sulle parole del **parroco**[21].

Prima di uscire, Cesare **si volta**[22] verso di loro. «Piazza del Popolo, numero Trentasette. È l'**ultimo posto**[23] che mi ricordo. Ci andavo spesso, ma...» **esita**[24], cercando le parole. «...non ricordo più perché.»

Durante la **pausa pranzo**[25], Leonardo convince Fabio ad **accompagnarlo**[26] a Piazza del Popolo, sperando di trovare qualche **indizio**[27] che possa aiutare Cesare a **ritrovare**[28] la memoria.

Nel mezzo della grande piazza **luminosa**[29] sono sistemati alcuni tavoli e diversi uomini **anziani**[30] giocano **a carte**[31], ridendo e **scherzando**[32].

«Stanno giocando a Trentasette, un famoso gioco di carte.» **si illumina**[33] Fabio. «Ora capisco **a cosa si riferiva**[34] Cesare!»

Mentre si avvicinano a un bar **all'angolo**[35], Leonardo riconosce Edoardo De Angelis, in giacca e cravatta, seduto a un tavolino con una donna **dai tratti familiari**[36]: è Ilaria, nipote di Francesco De Angelis e sorella di Edoardo.

Edoardo alza lo sguardo e lo vede. «Leonardo. Curioso **incontrarti**[37] qui.»

Leonardo sorride **appena**[38]. «Siamo venuti per un **paziente**[39] che ricorda questo posto. Ha perso la memoria ma speriamo di ritrovarla qui.»

Edoardo **posa**[40] la tazzina del caffè. «So che continui a cercare informazioni su mio nonno Francesco. **Te lo ripeto**[41]: **non avrai accesso**[42] a documenti, lettere, o **chiavi di casa**[43]. Per privacy. E per rispetto.»

«Ma non siete curiosi di sapere **di cosa è morto**[44] vostro nonno? A volte il silenzio **fa più male**[45] della **verità**[46].» replica Leonardo con calma.

«Non tutto deve diventare una diagnosi. E non tutto deve essere raccontato.» **ribatte**[47] Edoardo.

Ilaria interviene, quasi **sottovoce**[48]: «Edo, forse **potresti almeno ascoltare**[49] Leonardo...»

Lui **scuote**[50] la testa. «La famiglia è memoria, non **cronaca**[51].»

Un silenzio **teso**[52] si posa sul tavolo. Fabio **lancia**[53] a Leonardo uno sguardo **come a dire**[54] "non ora". Poco dopo, si allontanano lasciando Edoardo e Ilaria al loro caffè.

Camminando lungo il **selciato**[55], Leonardo pensa alla frase **interrotta**[56] di Cesare. Forse, per lui, la terapia non sarà una medicina... ma una partita.

Riassunto della storia

Leonardo e Fabio incontrano Cesare, anziano con disturbi di memoria. Ricorda solo "Piazza del Popolo 37". Lì i due scoprono alcuni anziani che giocano il gioco di carte 'Trentasette', legato ai ricordi di Cesare. Intanto Leonardo incontra di nuovo Edoardo con la sorella Ilaria, e Edoardo si rifiuta di nuovo di dare accesso a Leonardo ai documenti sulla morte del nonno Francesco.

Summary of the story

Leonardo and Fabio meet Cesare, an elderly man with memory problems. He only remembers "Piazza del Popolo 37." There, they discover some elderly men playing the card game 'Trentasette', linked to Cesare's memories. Meanwhile, Leonardo meets Edoardo again with his sister Ilaria, and Edoardo once more refuses to grant him access to documents about their grandfather Francesco's death.

Cultural Insight – Piazza del Popolo a Roma

Piazza del Popolo è una delle piazze più iconiche di Roma, situata all'ingresso (*entrance*) nord della città. Secondo una leggenda medievale, la piazza sorge (*stands*) sul luogo dove era stata sepolta (*buried*) la tomba di Nerone. Si dice (*it is said*) che la Madonna sia apparsa (*had appeared*) al Papa chiedendogli (*asking him*) di abbattere (*cut down*) l'albero di noce (*walnut*) sulla tomba e di costruire lì (*to build there*) la **Chiesa di Santa Maria del Popolo**, da cui (*from which*) la piazza prende il nome (*takes its name*). Dietro la chiesa si trova anche un curioso **muro** (*wall*) **con un'illusione acustica**, che permette (*allows*) di sentire discorsi da un'estremità all'altra. Al centro domina l'imponente **obelisco egiziano di Ramses II**, uno dei più antichi della città.

Vocabulary

1   **scorre**   (he) scrolls / scans
2   **disturbi di memoria**   memory disorders
3   **tagliati**   cut
4   **nodose**   knobby / gnarled
5   **braccia conserte**   arms crossed
6   **esordisce**   (he) starts off
7   **mugugna**   (he) mumbles / grumbles
8   **vuoto**   empty
9   **vassoio**   tray
10   **si affaccia**   (he) shows up
11   **cartella**   file / folder
12   **inconcludenti**   inconclusive
13   **cosa sia**   what it is
14   **tono pacato**   calm tone

15 **cervello** brain

16 **sangue** blood

17 **ricordatevi** remember

18 **solitudine** loneliness

19 **non compare** (it) doesn't appears

20 **pesa quanto le altre** (it) weighs as much as the others

21 **parroco** parish priest

22 **si volta** (he) turns around

23 **ultimo posto** last place

24 **esita** (he) hesitates

25 **pausa pranzo** lunch break

26 **accompagnarlo** to accompany him

27 **indizio** clue

28 **ritrovare** to recover / find again

29 **luminosa** bright

30 **anziani** elderly

31 **a carte** cards

32 **scherzando** joking

33 **si illumina** (he) lights up

34 **a cosa si riferiva** what he was referring to

35 **all'angolo** at the corner

36 **dai tratti familiari** with familiar features

37 **incontrarti** to meet you

38 **appena** just / barely

39 **paziente** patient

40 **posa** (he) places down

41 **te lo ripeto**   I repeat it to you

42 **non avrai accesso**   you won't have access

43 **chiavi di casa**   house keys

44 **di cosa è morto**   what he died of

45 **fa più male**   (it) hurts more

46 **verità**   truth

47 **ribatte**   (he) replies / retorts

48 **sottovoce**   in a low voice

49 **potresti almeno ascoltare**   you could at least listen

50 **scuote**   (he) shakes

51 **cronaca**   chronicle / news

52 **teso**   tense

53 **lancia**   (he) throws / casts

54 **come a dire**   as if to say

55 **selciato**   cobblestone

56 **interrotta**   interrupted

Domande a risposta multipla

1) Cosa ricorda Cesare nonostante i suoi problemi di memoria?

   a. L'indirizzo della sua vecchia casa a Trastevere.

   b. Piazza del Popolo 37.

   c. La ricetta della coda alla vaccinara.

2) Cosa vuol dire 'fare bella figura'?

    a. Apparire perfetto davanti alle altre persone.

    b. Sembrare giovane davanti alle altre persone.

    c. Vivere la vita senza problemi.

3) Qual è la lezione che Padre Lorenzo cerca di trasmettere ai giovani medici riguardo alla diagnosi di Cesare?

    a. Che i test clinici sono più importanti di tutto il resto.

    b. Che la solitudine può essere una "diagnosi nascosta" con un peso pari a quello delle malattie fisiche.

    c. Che l'età avanzata giustifica sempre i disturbi cognitivi.

Risposte

1) **B**

2) **B**

3) **A**

CAPITOLO 5

Parte 5.2

La partita del cuore - The heart match

Il pomeriggio successivo, Leonardo entra nella stanza di Cesare con un'**aria complice**[1]. «Signor Cesare, oggi ho una proposta.»

Cesare **lo squadra**[2] **diffidente**[3]. «Un'altra visita?»

«No.» sorride Leonardo. «Una **sfida**[4].»

Un'ora dopo, la sala comune del reparto **si è trasformata**[5]. Su un tavolo al centro, un **tappeto**[6] verde, un **mazzo di carte**[7] **consumato**[8] e quattro sedie. Oltre a Leonardo e Fabio, ci sono due uomini anziani, arrivati **apposta**[9]: vecchi amici di Cesare, incontrati il giorno prima in Piazza del Popolo.

Appena li vede, Cesare **sbarra**[10] gli occhi. «Gianni? Carlo? Ma siete ancora vivi?»

«Più o meno.» ride Gianni, stringendogli la mano. «E pronti a **batterti**[11], come **ai vecchi tempi**[12].»

La partita comincia tra **battute**[13], ricordi e **mani giocate**[14] con **finta lentezza**[15]. Cesare, all'inizio **titubante**[16], ritrova presto il ritmo e **persino**[17] qualche **colpo di genio**[18].

A ogni **mano vinta**[19], il suo sorriso **si allarga**[20]; a ogni battuta degli amici, le spalle si rilassano.

Dal corridoio, qualcuno osserva la scena. Edoardo, in giacca scura, si ferma vicino alla porta, incuriosito dal **vociare**[21] allegro. Dall'altra parte del corridoio, Mirco arriva con una cartella clinica.

Edoardo lo ferma con una domanda **secca**[22]: «È questa la medicina, adesso?»

Mirco lo guarda, poi accenna un sorriso. «Non sempre. Ma quando funziona... sì.»

Edoardo fissa la sala. «È... poco ortodosso.»

«È raro trovare un medico che **ascolta più di quanto parli**[23].» replica Mirco. «Soprattutto se è **straniero**[24].»

«Ascoltare è una cosa. Ma lui continua a **scavare**[25], anche in questioni che dovrebbero restare private.»

Mirco **si fa serio**[26]. «Francesco De Angelis era Suo nonno, giusto?»

Edoardo annuisce, quasi **infastidito**[27].

«Leonardo non vuole **ereditare**[28] niente. Vuole solo capire **che uomo fosse**[29]. Il silenzio che ha lasciato dice molto.»

«E cosa pensa che Leonardo cerchi, **davvero**[30]?» **sbotta**[31] Edoardo.

«Se Lei crede che siano gloria o soldi, **si sbaglia**[32]. Cerca la storia. Il perché. **Come fanno i buoni**[33].» Mirco risponde con tono sicuro.

Dalla sala, un'esplosione di risate: Cesare **ha appena battuto**[34] tutti, **calando**[35] un **asso**[36] con un **gesto teatrale**[37].

Mirco **si sporge**[38] verso Edoardo. «Sa qual'è stata la prima "cura" di Leonardo? **Lasciare che una donna cucinasse**[39].»

Edoardo **arriccia il naso**[40]. «Questa non è medicina.»

Mirco **scrolla**[41] le spalle. «**Lo dica**[42] alle mani. di quella donna che ora stanno meglio. I dottori di solito curano il corpo. Ma Leonardo mi insegna che senza dignità e desiderio di vivere, nessuna terapia **può bastare**[43].»

Edoardo guarda ancora dentro la sala. Leonardo, **inginocchiato**[44] accanto a Cesare, **gli sistema**[45] la **ciabatta slacciata**[46]. Cesare borbotta, ma con affetto.

Edoardo non dice nulla. Poi fa un cenno appena **percettibile**[47] a Mirco e si allontana nel corridoio.

Quando la partita finisce e Cesare si addormenta sereno sulla **sedia a dondolo**[48] nella sala comune, Leonardo **aggiorna**[49] la cartella clinica. Scrive con calma:

"Depressione **scambiata**[50] per **declino cognitivo**[51]. Terapia: attività sociali, stimoli emotivi, compagnia, forse **casa di riposo**[52]?"

Poco dopo, Mirco entra nella sala comune e legge la cartella di Cesare in silenzio. Alza lo sguardo verso Leonardo, che **sta sistemando**[53] le carte.

Un **sorriso furtivo**[54], quasi **impercettibile**[55], **si disegna**[56] sul **volto**[57] di Mirco. È il **riconoscimento**[58] silenzioso che la diagnosi — e la cura **scelta**[59] — **hanno colto nel segno**[60].

Riassunto della storia

Leonardo organizza una partita di carte con i vecchi amici di Cesare, restituendogli sorriso e vitalità. Edoardo osserva diffidente, ma Mirco lo invita a riflettere: la vera medicina non è solo curare il corpo, ma restituire dignità e voglia di vivere.

Summary of the story

Leonardo organizes a card game with Cesare's old friends, bringing back his smile and vitality. Edoardo watches with suspicion, but Mirco reminds him: real medicine is not only treating the body, but restoring dignity and the will to live.

Cultural Insight – Gli anziani in Italia

In Italia, gli **anziani** occupano (*take up*) un posto speciale nella famiglia e nella società. L'Italia è uno dei Paesi più longevi (*with the most long-lived people*) al mondo, e in regioni come la Sardegna si trovano alcuni dei **centenari più famosi d'Europa**. Molte famiglie preferiscono **accudire** (*take care of*) **gli anziani a casa**, spesso con l'aiuto di una **badante** (*caregiver*), piuttosto che (*instead of*) mandarli (*sending them*) in una **casa di riposo** (*retirement home*). Molti anziani italiani amano partecipare alla vita del quartiere (*neighbourhood life*) e passare tempo nei **bar, nei parchi o nei mercati**, dove incontrano amici e famiglia.

Vocabulary

1   **aria complice**   knowing / conspiratorial air
2   **lo squadra**   (he) sizes him up
3   **diffidente**   suspicious / distrustful

4   **sfida** challenge

5   **si è trasformata** (it) has been transformed

6   **tappeto** carpet / mat

7   **mazzo di carte** deck of cards

8   **consumato** worn out

9   **apposta** on purpose

10 **sbarra** (he) widens / opens

11 **batterti** to beat you

12 **ai vecchi tempi** in the old days

13 **battute** jokes

14 **mani giocate** hands played

15 **finta lentezza** feigned slowness

16 **titubante** hesitant

17 **persino** even

18 **colpo di genio** stroke of genius

19 **mano vinta** winning hand

20 **si allarga** (it) widens

21 **vociare** chatter

22 **secca** curt / dry

23 **ascolta più di quanto parli** (he) listens more than he talks

24 **straniero** foreigner

25 **scavare** to dig

26 **si fa serio** (he) becomes serious

27 **infastidito** annoyed

28 **ereditare** to inherit

29 **che uomo fosse**   what kind of man he was

30 **davvero**   really

31 **sbotta**   (he) bursts out

32 **si sbaglia**   you are mistaken (formal)

33 **come fanno i buoni**   as good men do

34 **ha appena battuto**   (he) has just beaten

35 **calando**   playing (a card)

36 **asso**   ace

37 **gesto teatrale**   theatrical gesture

38 **si sporge**   (he) leans forward

39 **lasciare che una donna cucinasse**   letting a woman cook

40 **arriccia il naso**   (he) wrinkles his nose

41 **scrolla**   (he) shrugs

42 **lo dica**   say it (formal)

43 **può bastare**   (it) can be enough

44 **inginocchiato**   kneeling

45 **gli sistema**   (he) fixes / adjusts

46 **ciabatta slacciata**   loose slipper

47 **percettibile**   perceptible

48 **sedia a dondolo**   rocking chair

49 **aggiorna**   (he) updates

50 **scambiata**   mistaken

51 **declino cognitivo**   cognitive decline

52 **casa di riposo**   retirement home

53 **sta sistemando**   (he) is arranging

54 **sorriso furtivo** furtive smile

55 **impercettibile** imperceptible

56 **si disegna** it is drawn (meaning 'it appears')

57 **volto** face

58 **riconoscimento** recognition

59 **scelta** choice

60 **hanno colto nel segno** they hit the mark

Domande a risposta multipla

1) Perché Leonardo organizza una partita di carte per Cesare?

    a. Per distrarlo dalla solitudine e stimolare la memoria.

    b. Per testare la sua capacità di concentrazione clinica.

    c. Per insegnargli un nuovo gioco di carte moderno.

2) Come reagisce Edoardo osservando la scena dalla porta?

    a. È divertito e si unisce al gioco.

    b. Rimane diffidente, giudicando poco ortodossa la "medicina" di Leonardo.

    c. Scatta fotografie per mostrarle alla famiglia.

3) Quale riflessione condivide Mirco con Edoardo?

a. Che Leonardo cerca solo gloria e riconoscimento.

b. Che la vera medicina è ridare dignità e voglia di vivere, non solo curare il corpo.

c. Che Cesare è un paziente senza speranza e va lasciato in pace.

Risposte

1) **A**

2) **B**

3) **B**

Le parole mancanti - The missing words

CAPITOLO 6

Parte 6.1

Errori strani - Weird mistakes

Lunedì mattina, l'atmosfera nel reparto di geriatria è **quella tipica**[1] dell'inizio settimana: infermieri che **si scambiano consegne**[2], **carrelli**[3] che **cigolano**[4] lungo il corridoio, pazienti che **si lamentano**[5] del caffè "**annacquato**[6]" della colazione.

Leonardo e Fabio ricevono una nuova scheda paziente:

Annamaria Guidi, 76 anni – ex- insegnante, **lieve**[7] confusione, **disorientamento**[8], **sospetta ischemia**[9].

Quando entrano nella stanza di Annamaria, trovano una donna **minuta**[10], con un **filo**[11] di capelli bianchi **raccolti**[12] in uno **chignon**[13] e un pigiama azzurro. **Sta frugando**[14] dentro il **carrello**[15] delle medicine. «Dio **non turba mai**[16] la gioia dei suoi figli **se non per**[17]...» **farfuglia**[18] Annamaria.

«Signora Annamaria.» dice Fabio con tono calmo. «Quello non è un **cassetto**[19] per le pantofole.»

Lei si gira, tenendo in mano le sue ciabatte. «E **invece sì**[20]! Questo è il mio **armadietto**[21], Renzo Tramaglino. Non pensi di **ingannarmi**[22].»

Leonardo la guarda, sorpreso, e **mormora**[23]: «Renzo...?»

«Renzo Tramaglino è il **personaggio principale**[24] del **romanzo**[25] *'I promessi sposi*[26]' di Alessandro Manzoni.» spiega Fabio, anche lui confuso.

Annamaria sorride verso la porta, dove in quel momento passa Padre Lorenzo. «**Eccolo**[27]! **Fra Cristoforo**[28], **mi venga**[29] a **dare una mano**[30], Lei che aiuta i più **bisognosi**[31].»

Padre Lorenzo ride piano. «Lo prendo come un complimento, Signora Annamaria. Come posso aiutarLa?»

«Una volta avevo una **memoria di ferro**[32] ma ora...» Poi, all'improvviso, Annamaria si siede sul letto e **recita**[33], con voce chiara: «**Nel mezzo del cammin di nostra vita**[34]...»

Si ferma, cercando le parole. Il silenzio dura qualche secondo.

Leonardo la guarda incuriosito. «Dante Alighieri, giusto? Il famoso poeta **fiorentino**[35] che ha scritto la '***Divina Commedia***[36]'.»

«Bravo Leonardo! Hai passato l'esame di letteratura.» Fabio sorride ironico, poi continua sottovoce. «Annamaria non è disorientata. **Ha solo scambiato**[37] la geriatria per un esame di letteratura.»

Leonardo sfoglia la cartella clinica: nessun **danno**[38] **evidente**[39], parametri stabili. Ma nella sua testa continua a ripetere quel **verso**[40] di Dante.

Poco dopo, mentre i due dottori **compilano**[41] le **note**[42] nella sala medici, Padre Lorenzo si siede accanto a loro. «Quando non sappiamo più parlare, l'**anima**[43] parla **con ciò che ama**[44]. Per Annamaria, sono i libri.»

Leonardo si alza **di scatto**[45]. «La memoria di Annamaria **si sta smarrendo**[46] come Dante Alighieri... ma forse possiamo aiutarla a ricordare.»

Fabio **lo ferma**[47]. «Un attimo, Leonardo. Che idea **ti frulla**[48] in testa?»

«Sospetto uno **stadio iniziale**[49] di Alzheimer purtroppo. Ma se **portassimo**[50] Annamaria dove le parole **non mancano mai**[51], potremo farle rivivere i versi interi di Dante, non solo **frammenti**[52]. E stimolare la sua mente per **rallentarne**[53] il declino.» dichiara Leonardo.

«E dove vorresti andare?» chiede Fabio incuriosito.

«Alla **Biblioteca**[54] Angelica qui a Roma. Una delle più antiche al mondo. Voglio cercare un'edizione della '*Divina Commedia*' per Annamaria da leggere.» Gli occhi di Leonardo **brillano**[55].

Fabio lo fissa, perplesso. «E Mirco, **ci lascerà uscire**[56] in orario di lavoro per andare in biblioteca con una paziente?»

Leonardo sorride. «Non lo saprà. O meglio… lo saprà dopo.»

Entrambi i giovani dottori scambiano uno sguardo **complice**[57] con Padre Lorenzo che esclama: «Ragazzi, non sarò io a fermarvi o **fare la spia**[58].» e gli fa l'occhiolino.

Riassunto della storia

Leonardo e Fabio incontrano Annamaria, ex insegnante confusa che cita Dante e Manzoni. Padre Lorenzo spiega che l'anima parla con ciò che ama. Leonardo sospetta Alzheimer iniziale e propone di portarla alla Biblioteca Angelica per stimolare la memoria attraverso la letteratura.

Summary of the story

Leonardo and Fabio meet Annamaria, a former teacher confused yet quoting Dante and Manzoni. Father Lorenzo explains that the soul speaks through what it loves. Leonardo suspects early-stage Alzheimer's and suggests taking her to the Biblioteca Angelica to stimulate memory through literature.

Cultural Insight – I Classici della letteratura italiana

Nelle scuole italiane, gli studenti leggono molti **classici della letteratura**, che raccontano la storia e l'identità del Paese. Tra gli autori più studiati ci sono **Dante Alighieri**, con la *Divina Commedia*, e **Alessandro Manzoni** con *I promessi sposi*. La *Divina Commedia* è un viaggio immaginario nell'Aldilà (*imaginary journey in the afterlife*), dove Dante attraversa Inferno, Purgatorio e Paradiso (*hell, purgatory and paradise*) guidato da Virgilio e Beatrice. *I promessi sposi*, invece (*instead*), racconta la storia di Renzo e Lucia, due giovani che vogliono sposarsi (*get married*) ma devono affrontare (*deal with*) ingiustizie, carestie (*famines*) e la peste (*plague*) prima di poter vivere finalmente insieme (*finally live together*).

Vocabulary

1 **quella tipica** typical atmosphere
2 **si scambiano consegne** they exchange handovers
3 **carrelli** carts
4 **cigolano** they creak
5 **si lamentano** they complain
6 **annacquato** watery
7 **lieve** slight
8 **disorientamento** disorientation
9 **sospetta ischemia** suspected ischemia
10 **minuta** petite
11 **filo** strand
12 **raccolti** tied up
13 **chignon** bun
14 **sta frugando** (she) is rummaging
15 **carrello** trolley
16 **non turba mai** (he) never disturbs
17 **se non per** except to
18 **farfuglia** (she) mumbles
19 **cassetto** drawer
20 **invece sì** it is indeed
21 **armadietto** locker
22 **ingannarmi** to deceive me
23 **mormora** (she) murmurs
24 **personaggio principale** main character

25 **romanzo** novel

26 **I promessi sposi** The Betrothed (Italian historical novel by Alessandro Manzoni)

27 **eccolo** here he is

28 **Fra Cristoforo** Friar Cristoforo (one character from '*The Betrothed*')

29 **mi venga** come to me (formal)

30 **dare una mano** to lend a hand

31 **bisognosi** needy

32 **memoria di ferro** iron memory

33 **recita** (she) recites

34 **nel mezzo del cammin di nostra vita** midway through the journey of our life (from '*Divina Commedia*' by Dante Alighieri)

35 **fiorentino** Florentine, from Florence

36 **Divina Commedia** Divine Comedy (book from Dante Alighieri)

37 **ha solo scambiato** (she) only mistook

38 **danno** damage

39 **evidente** evident

40 **verso** verse

41 **compilano** they fill out

42 **note** notes

43 **anima** soul

44 **con ciò che ama** with what (it) loves

45 **di scatto** suddenly

46 **si sta smarrendo** (it) is fading

47 **lo ferma** (he) stops him

48 **ti frulla** (it) is buzzing

49 **stadio iniziale** early stage

50 **portassimo** we brought

51 **non mancano mai** (words) never run out

52 **frammenti** fragments

53 **rallentarne** to slow down (the decline) of it

54 **biblioteca** library

55 **brillano** they shine

56 **ci lascerà uscire** (he) will let us out

57 **complice** accomplice

58 **fare la spia** to snitch

Domande a risposta multipla

1) Perché Annamaria chiama Fabio "Renzo Tramaglino"?

    a. Lo confonde con suo marito.

    b. Crede che Fabio sia un personaggio de *I promessi sposi*.

    c. Lo scambia per un vecchio amico.

2) Cosa suggerisce Padre Lorenzo riguardo al comportamento di Annamaria?

   a. Che i libri sono la chiave del suo linguaggio e della sua anima.

   b. Che ha bisogno solo di più farmaci per calmarsi.

   c. Che i suoi discorsi non hanno alcun significato reale.

3) Qual è il piano di Leonardo per aiutare Annamaria?

   a. Portarla in vacanza con la famiglia.

   b. Farle fare più esercizi fisici per rafforzare la mente.

   c. Portarla alla Biblioteca Angelica per stimolare la sua memoria.

Risposte

1) B

2) A

3) C

CAPITOLO 6

Parte 6.2

La terapia di Dante - Dante's therapy

La luce **dorata**[1] del pomeriggio **filtra**[2] dalle alte finestre della Biblioteca Angelica, illuminando **file di scaffali**[3] in **legno**[4] scuro e il profumo **inconfondibile**[5] di **carta antica**[6].

Leonardo cammina piano tra i corridoi, con Annamaria accanto, mentre Fabio li segue con passo curioso.

Annamaria **si ferma**[7] più volte, **sfiorando**[8] i **dorsi**[9] dei volumi **come se accarezzasse**[10] volti di vecchi amici. «Qui... qui è dove avrei voluto portare i miei studenti ogni anno.» sussurra, con **malinconia**[11].

«Allora oggi, Signora Annamaria, è come se **li portassimo**[12] tutti qui con noi.» risponde Leonardo, mentre i suoi occhi **si soffermano**[13] su una **vetrinetta**[14] che **custodisce**[15] un'edizione antica della 'Divina Commedia', **rilegata**[16] in **pelle**[17] scura.

La apre con **delicatezza**[18], controlla le pagine, poi **la richiude**[19] con un sorriso soddisfatto. «Questa viene con noi in ospedale.»

Nel frattempo[20], Fabio si allontana verso un altro scaffale. **Passa in rassegna**[21] titoli e autori, **finché**[22] non si ferma su una copia molto vecchia de '*I promessi sposi*'. **La sfoglia**[23] e trova il **passo**[24] che Annamaria aveva citato. **Sorride tra sé**[25], già pensando a Silvia.

Una volta tornati in ospedale, Leonardo **porge**[26] il volume di Dante ad Annamaria **come fosse un tesoro**[27]: «Per Lei, signora Annamaria.»

Annamaria **la accarezza**[28] con le **dita sottili**[29], **quasi temesse**[30] di rovinarla. «Questa... è un'edizione come quella che avevo a scuola.»

Leonardo apre il libro a una pagina **segnata**[31] con un **nastrino**[32] rosso. «Perché non proviamo a leggere insieme? Io comincio, lei mi segue.»

Ed inizia: «Nel mezzo del cammin di nostra vita...»

Annamaria lo interrompe, continuando da sola: «...**mi ritrovai**[33] per una **selva oscura**[34] che la **diritta via**[35] era **smarrita**[36]...» La voce **le trema**[37], ma lo sguardo è vivo, presente.

Fabio, seduto **in disparte**[38], osserva in silenzio. «Non sembra più la stessa paziente di stamattina.»

Leonardo sorride senza **distogliere**[39] lo sguardo da Annamaria. «Le parole sono un **ponte**[40]. Bisogna solo ricordare dove inizia la **riva**[41].»

La lettura prosegue[42] per mezz'ora, tra pause, sorrisi e ricordi **improvvisi**[43] di quando Annamaria insegnava letteratura ai suoi studenti.

Quando Leonardo esce dalla stanza, trova Mirco **appoggiato**[44] al muro, le **braccia conserte**[45]. «Sei andato davvero alla Biblioteca Angelica con Annamaria?»

Leonardo annuisce, pronto a **giustificarsi**[46], ma Mirco non lo lascia parlare. «Guarda più tardi nel tuo armadietto, De Angelis.» Poi **si volta**[47] e si allontana.

Più tardi, nello **spogliatoio**[48], Leonardo apre il suo armadietto e trova un libro lasciato lì: '*Medici umani, pazienti guerrieri*[49]' di Gianni Bonadonna, un famoso **oncologo**[50] italiano.

Una frase è **evidenziata**[51] in giallo:

«Alla scuola del **malato**[52] i medici arrivano **impreparati**[53]: è ora che nelle facoltà di medicina **ci sia**[54] un nuovo esame... quello di **umanità**[55].»

Accanto[56], un Post-it **firmato**[57] da Mirco:

«Sei sulla **strada giusta**[58], Leonardo.»

Leonardo sorride tra sé.

In serata, Fabio si presenta al laboratorio dove lavora Silvia con un libro **sotto il braccio**[59]: 'I promessi sposi'.

Lo porge[60] a Silvia. «**Ho segnato**[61] un **passaggio**[62] del capitolo **VIII**[63].»

Silvia apre e legge: "Dio non turba mai la gioia dei suoi figli se non per **prepararne loro**[64] **una più certa**[65] e più grande."

Fabio la guarda negli occhi. «Non so se siamo Renzo e Lucia... ma credo che, anche quando **sembra tutto perso**[66], a volte la gioia **sta solo facendo il giro**[67] più lungo per arrivare.»

Silvia abbassa lo sguardo, **commossa**[68]. «**Mi sono iscritta**[69] a un gruppo di supporto per chi **si prende cura**[70] dei familiari. Non credevo che **l'avrei mai fatto**[71]. Forse è il mio primo **passo**[72] per farmi aiutare...e verso un **po' più di gioia**[73].»

Fabio le stringe la mano, senza dire altro.

Riassunto della storia

Leonardo porta Annamaria alla Biblioteca Angelica e le fa leggere la *'Divina Commedia'*, risvegliando ricordi e vitalità. Mirco, colpito, lascia a Leonardo un libro con un messaggio di stima. Fabio dona a Silvia *'I promessi sposi'*, incoraggiandola ad accettare aiuto.

Summary of the story

Leonardo takes Annamaria to the Biblioteca Angelica and has her read the *'Divina Commedia'*, awakening memories and vitality. Mirco, impressed, leaves Leonardo a book with a message of esteem. Fabio gives Silvia *'The Betrothed'*, encouraging her to accept help.

Cultural Insight – La Biblioteca Angelica a Roma

Nel cuore di Roma, accanto a Piazza Navona, si trova la **Biblioteca Angelica** (*Angelica's Library*), una delle **biblioteche pubbliche più antiche d'Europa**, aperta al pubblico nel 1604. Fondata (*founded*) dal monaco (*monk*) Angelo Rocca, da cui prende il nome, conserva migliaia (*thousands*) di manoscritti antichi e testi rari, tra cui una delle **prime edizioni della *Divina Commedia*** scritta da Dante Alighieri.

Vocabulary

1 **dorata** golden
2 **filtra** (it) filters
3 **file di scaffali** rows of shelves
4 **legno** wood
5 **inconfondibile** unmistakable
6 **carta antica** ancient paper
7 **si ferma** (she) stops
8 **sfiorando** touching lightly
9 **dorsi** spines
10 **come se accarezzasse** as if caressing
11 **malinconia** melancholy
12 **li portassimo** we brought them
13 **si soffermano** they linger
14 **vetrinetta** glass cabinet
15 **custodisce** (it) holds
16 **rilegata** bound
17 **pelle** leather
18 **delicatezza** delicacy
19 **la richiude** (it) closes it again
20 **nel frattempo** meanwhile
21 **passa in rassegna** (he) scans through
22 **finché** until
23 **la sfoglia** (he) leafs through
24 **passo** passage

25 **sorride tra sé**   (he) smiles to himself

26 **porge**   (he) hands

27 **come fosse un tesoro**   as if it were a treasure

28 **la accarezza**   (she) caresses it

29 **dita sottili**   slender fingers

30 **quasi temesse**   as if she feared

31 **segnata**   marked

32 **nastrino**   ribbon

33 **mi ritrovai**   I found myself

34 **selva oscura**   dark forest

35 **diritta via**   straight path

36 **smarrita**   lost

37 **le trema**   (her voice) trembles

38 **in disparte**   aside

39 **distogliere**   to turn away

40 **ponte**   bridge

41 **riva**   shore

42 **la lettura prosegue**   the reading continues

43 **improvvisi**   sudden

44 **appoggiato**   leaning

45 **braccia conserte**   arms crossed

46 **giustificarsi**   to justify himself

47 **si volta**   (he) turns around

48 **spogliatoio**   locker room

49 **guerrieri**   warriors

50 **oncologo**   oncologist

51 **evidenziata** highlighted

52 **malato** patient

53 **impreparati** unprepared

54 **ci sia** there is

55 **umanità** humanity

56 **accanto** next to

57 **firmato** signed

58 **strada giusta** right path

59 **sotto il braccio** under the arm

60 **lo porge** (he) hands it

61 **ho segnato** I marked

62 **passaggio** passage

63 **VIII** Chapter Eight

64 **prepararne loro** to prepare for them

65 **una più certa** one (joy) more certain

66 **sembra tutto perso** it seems all lost

67 **sta solo facendo il giro** it is just taking the longer way

68 **commossa** moved

69 **mi sono iscritta** I signed up

70 **si prende cura** (for whom) takes care

71 **l'avrei mai fatto** I would have ever done

72 **passo** step

73 **po' più di gioia** a little more joy

Domande a risposta multipla

1) In che modo la visita alla Biblioteca Angelica rappresenta una forma di "terapia" per Annamaria?

   a. Le permette di collegare ricordi personali alla letteratura che ama, riattivando la memoria emotiva.

   b. Le offre la possibilità di ricevere una diagnosi clinica definitiva sul suo stato di salute.

   c. Le insegna a utilizzare nuovi strumenti tecnologici per compensare la perdita di memoria.

2) Qual è il significato del gesto di Mirco, quando lascia un libro a Leonardo con un Post-it?

   a. È un regalo per convincerlo a lasciare Roma.

   b. È un avvertimento a non trascurare le regole del reparto.

   c. È un riconoscimento silenzioso della sua sensibilità come medico.

3) Qual'è il messaggio che Fabio vuole passare a Silvia con il passo de '*I Promessi Sposi*' sulla gioia?

   a. Che cambiare lavoro aiuta a ridurre lo stress ed aumentare la gioia.

b. Che la gioia a volte tarda ad arrivare, ma non è perduta: può semplicemente seguire un percorso più lungo.

c. Che la fede religiosa è l'unico modo per affrontare le difficoltà della vita.

Risposte

1) A

2) C

3) B

Bellezza in bicicletta - Beauty on a bike

CAPITOLO 7

PARTE 7.1

Dolore e rabbia - Pain and anger

Il martedì mattina, il reparto di geriatria **è attraversato**[1] da un **rumore metallico insolito**[2]. Leonardo e Fabio seguono il suono fino alla stanza 21.

Lì trovano Luigi, 79 anni, seduto sul letto che **si china in avanti**[3] **smontando**[4] una **carrozzina**[5] dell'ospedale. Con un **cucchiaio**[6] in mano, **sta svitando**[7] un pezzo **alla volta**[8], facendo **smorfie**[9] di dolore **di tanto in tanto**[10].

«Signor Luigi, cosa sta facendo?» domanda Leonardo, avvicinandosi con **cautela**[11].

«Quello che so fare meglio.» **ribatte**[12] l'uomo, senza alzare lo sguardo. «**Aggiustare**[13]. Sempre aggiustato. Motori, biciclette, **perfino**[14] il **frigo**[15] di mia moglie. Queste mani hanno lavorato per quarant'anni. E ora mi date un letto e mi dite di stare **fermo**[16]?!»

Un'infermiera sulla porta alza gli occhi **al cielo**[17]. «Dottore, **non la smette**[18] da stamattina. È come avere un'**officina meccanica**[19] in reparto.»

Leonardo prova a sorridere. «Capisco la situazione, Signor Luigi. Ma la Sua **anca**[20] è **fratturata**[21] e ha bisogno di riposo.»

Luigi lo interrompe **bruscamente**[22]. «Lei è il **ragazzino**[23] del **pronto soccorso**[24], vero? Quello che pensa di sapere tutto perché ha studiato. Ma voi **siete cresciuti**[25] con le bici elettriche e i video su internet. Io ho insegnato a **pedalare**[26] a mio figlio con una mano sulla **sella**[27] e l'altra sul cuore. Ed ora voglio insegnarlo anche a mio **nipote**[28].»

Fabio, cercando di **alleggerire**[29] l'atmosfera, nota un **foglio colorato**[30] sul comodino. «Questo lo ha fatto suo nipote?»

Luigi lo guarda **di sfuggita**[31] - un disegno di una bicicletta con una **scritta**[32] colorata:

"Per Nonno Luigi"

«È venuto ieri... ha lasciato **quella roba lì**[33].» Luigi **finge**[34] indifferenza, ma i due dottori **intravedono**[35] gli occhi dell'uomo **velarsi di lacrime**[36].

Luigi **distoglie**[37] lo sguardo. «Dovevo sistemare la bici di mio nipote Riccardo. Poi **gli avevo promesso**[38] una **pedalata**[39] all'Appia Antica. E poi il **Giro d'Italia**[40] in TV. Adesso? Gli sto solo insegnando a **disdire i piani**[41].»

Padre Lorenzo, che stava passando per la visita quotidiana, si ferma sulla **soglia**[42] per salutare. Poi sussurra ai due giovani dottori: «Luigi sembra un uomo **burbero**[43] e tenace, ma **sotto sotto**[44], è solo troppo **orgoglioso**[45] per ammettere il suo **sconforto**[46]. Ho visto più pazienti **perdere il cammino**[47] per **colpa**[48] della **tristezza**[49] che per colpa di un **osso rotto**[50].»

Leonardo prende nota nella cartella:

Frattura[51] all'anca sinistra, osteoporosi **sospetta**[52].

Ma **dentro di sé**[53] scrive un'altra diagnosi, invisibile nei **referti**[54]: **perdita di equilibrio**[55] dell'**anima**[56].

Due giorni dopo, gli esami confermano la diagnosi di Leonardo: osteoporosi avanzata. La frattura dell'anca **guarirà**[57], ma serviranno tempo, **riabilitazione**[58] e una **cura mirata**[59].

Leonardo entra nella stanza con il **referto**[60] in mano. «Signor Luigi, ho buone e cattive notizie. La buona: l'anca **sta rispondendo**[61] bene alle prime terapie. La cattiva: dobbiamo proteggerla, perché le ossa sono fragili.»

Luigi **scrolla**[62] le spalle. «Le ossa si sistemano. Il resto... non so.»

Leonardo si avvicina, abbassando la voce. «E se, invece di pensare solo alle ossa, **pensassimo**[63] anche alla promessa fatta a suo nipote?»

Luigi lo guarda diffidente. «Non parli di mio nipote Riccardo, dottore. **Mi fa solo male**[64].»

Riassunto della storia

Leonardo e Fabio incontrano Luigi, ex meccanico di 79 anni con una frattura all'anca e sospetta osteoporosi. Orgoglioso e arrabbiato, teme di deludere il nipote per la promessa di una pedalata insieme. Padre Lorenzo ricorda che la tristezza pesa più delle ossa rotte.

Summary of the story

Leonardo and Fabio meet Luigi, a 79-year-old former mechanic with a hip fracture and suspected osteoporosis.

Proud and irritable, he fears disappointing his grandson over their promised bike ride. Father Lorenzo reminds them that sadness often weighs more than broken bones.

Cultural Insight – Il Giro d'Italia

Il **Giro d'Italia** è una delle **gare ciclistiche** (*cycling race*) **più famose del mondo**, nata nel 1909 su iniziativa (*on the initiative*) del quotidiano sportivo (*daily newspaper about sport*) 'La Gazzetta dello Sport'. Ogni anno, a maggio, i ciclisti percorrono (*travel*) migliaia di chilometri da nord a sud d'Italia, attraversando (*passing through*) montagne, città d'arte e piccoli borghi (*hamlets*) italiani. Il simbolo della vittoria (*victory*) è la **maglia rosa** (*pink t-shirt*), colore che richiama (*recalls*) quello della Gazzetta.

Vocabulary

1 **è attraversato** (it) is crossed, filled
2 **rumore metallico insolito** unusual metallic noise
3 **si china in avanti** (he) bends forward
4 **smontando** dismantling
5 **carrozzina** wheelchair
6 **cucchiaio** spoon
7 **sta svitando** (he) is unscrewing
8 **alla volta** at a time

9   **smorfie** grimaces

10 **di tanto in tanto** from time to time

11 **cautela** caution

12 **ribatte** (he) replies

13 **aggiustare** fixing

14 **perfino** even

15 **frigo** fridge

16 **fermo** still

17 **al cielo** to heaven

18 **non la smette** (he) does not stop

19 **officina meccanica** mechanical workshop

20 **anca** hip

21 **fratturata** fractured

22 **bruscamente** abruptly

23 **ragazzino** kid

24 **pronto soccorso** emergency room

25 **siete cresciuti** you grew up

26 **pedalare** to pedal

27 **sella** saddle

28 **nipote** grandchild

29 **alleggerire** to lighten

30 **foglio colorato** coloured sheet

31 **di sfuggita** briefly

32 **scritta** writing

33 **quella roba lì** that stuff there

34 **finge** (he) pretends

35 **intravedono** they glimpse

36 **velarsi di lacrime** to fill with tears

37 **distoglie** (he) turns away

38 **gli avevo promesso** I had promised him

39 **pedalata** bike ride

40 **Giro d'Italia** professional cycling's three-week-long Grand Tour in Italy

41 **disdire i piani** to cancel plans

42 **soglia** threshold

43 **burbero** gruff

44 **sotto sotto** deep down

45 **orgoglioso** proud

46 **sconforto** discouragement

47 **perdere il cammino** to lose the way

48 **colpa** fault

49 **tristezza** sadness

50 **osso rotto** broken bone

51 **frattura** fracture

52 **sospetta** suspected

53 **dentro di sé** inside himself

54 **referti** medical reports

55 **perdita di equilibrio** loss of balance

56 **anima** soul

57 **guarirà** (it) will heal

58 **riabilitazione** rehabilitation

59 **cura mirata** targeted treatment

60 **referto** medical report

61 **sta rispondendo** (it) is responding

62 **scrolla** (he) shrugs

63 **pensassimo** we thought

64 **mi fa solo male** it only hurts me

Domande a risposta multipla

1) Perché Luigi smonta la carrozzina con un cucchiaio?

   a. Vuole passare il tempo e distrarsi.

   b. Sta cercando di costruire un giocattolo per il nipote.

   c. Vuole dimostrare che sa ancora "aggiustare", come ha fatto tutta la vita.

2) Qual è la preoccupazione più grande di Luigi?

   a. Deludere il nipote Riccardo, a cui aveva promesso una pedalata.

   b. Non poter andare a vedere il nipote Riccardo al Giro d'Italia.

   c. Non poter più lavorare come meccanico.

3) Quale riflessione offre Padre Lorenzo ai due medici?

a. Che la tristezza può far perdere il cammino più di un osso rotto.

b. Che la vera medicina è imparare un mestiere con dignità.

c. Che la fede può guarire qualsiasi malattia.

Risposte

1) C

2) A

3) A

CAPITOLO 7

PARTE 7.2

Due ruote e una promessa - Two wheels and a promise

Quel pomeriggio un rumore di **catene**[1] e **campanelli**[2] **attira**[3] l'attenzione di Luigi: in **cortile**[4] **si sono radunati**[5] pazienti, familiari, dottori ed infermieri **intorno**[6] a quattro **biciclette da corsa**[7]. Fra la piccola **folla**[8] c'è anche il nipote di Luigi, Riccardo.

«Signor Luigi, oggi **assisterà**[9] ad una **gara**[10] speciale: medici **contro**[11] infermieri!» **esordisce**[12] Fabio. «E vorremmo che Lei sia il "**direttore di gara**[13]" e **cronometrista**[14] ufficiale.»

«Io? **Dirigere**[15] una gara?» chiede Luigi, sorpreso.

«**Chi meglio di Lei**[16]?» sorride Leonardo, **consegnandogli**[17] un **fischietto**[18] e un **berretto**[19] da **ciclista d'epoca**[20].

Padre Lorenzo **distribuisce**[21] **nastri**[22] colorati, mentre dagli **altoparlanti**[23] parte la famosa canzone 'Ma dove vai, *bellezza*[24] *in bicicletta*'.

Fabio ed un'infermiera partono **in testa**[25], seguiti da Mirco che **pedala**[26] con sorprendente agilità. Dalla sua sedia a rotelle Luigi **tiene il tempo**[27], commenta le **manovre**[28], **fa battute**[29].

Quando Fabio **taglia il traguardo**[30], Luigi alza il fischietto e grida: «E il **vincitore**[31] è... la **voglia di pedalare**[32]!»

Tutti ridono. Per un'ora, il **dolore**[33] sembra restare fuori dal reparto.

Alla fine della gara Leonardo si avvicina a Luigi e al nipote Riccardo: «E **non sono finite qui le sorprese**[34]. Domenica mattina **si va**[35] sull'Appia Antica, Riccardo! »

Come promesso, domenica mattina Leonardo **si presenta**[36] sull'Appia Antica con la sua bicicletta. Accanto a lui Lucia pedala piano. «Non credevo che L'Appia Antica **fosse così bella**[37]... sembra un **viaggio nel tempo**[38].»

La strada di **acciottolato**[39] è **circondata**[40] da **pini marittimi**[41] e **campi dorati**[42]. L'aria è **frizzante**[43], ed il sole illumina i resti antichi lungo la via.

Fabio **li raggiunge**[44], indicando due bambini — il nipote di Luigi, Riccardo, e Mauro, il fratellino di Silvia — che ridono e **si** sfidano[45] **a chi va più veloce**[46]. «Vedi, Leo... per noi italiani la bici non è solo sport. È libertà, è aria fresca, è un **pezzo di gioventù**[47] che non vogliamo **mollare**[48]. È... romanticismo su due **ruote**[49].»

«E questi due **lo stanno già capendo**[50].» sorride Leonardo, guardando i bambini **sfrecciare**[51].

Silvia, con un sorriso che **non mostrava da tempo**[52], commenta piano: «Vederli insieme... **mi fa bene al cuore**[53].»

Nel pomeriggio i quattro amici e i due bambini raggiungono la sala TV dell'ospedale.

La stanza è piena: pazienti, dottori e infermieri tutti **incollati**[54] allo **schermo**[55]. Un gruppo di ciclisti **affronta**[56] l'ultima **salita**[57] del Giro d'Italia.

«**Forza**[58] Malucelli!» grida un paziente dalla sedia a rotelle.

Luigi, seduto vicino a Leonardo, **stringe i pugni**[59]. «Se tiene il ritmo, **li stacca**[60] tutti... guarda come **prende la curva**[61]!»

Quando il **telecronista**[62] in TV urla l'arrivo del vincitore, la sala esplode in un applauso. Luigi ride, **si asciuga**[63] una lacrima e dice: «**Questa sì che è vita**[64]. Non solo ossa che **guariscono**[65], ma giornate che **ti riempiono**[66] di felicità e compagnia.»

Leonardo sorride. «In bicicletta, come nella vita, le salite **pesano**[67] meno quando le fai in buona compagnia.»

Riassunto della storia

Luigi, pur immobilizzato dalla frattura, ritrova gioia assistendo a una gara in bicicletta nel cortile dell'ospedale. Inoltre, Leonardo organizza una pedalata sull'Appia Antica con il nipote di Luigi. Nel pomeriggio l'ospedale trasmette il Giro d'Italia nella sala TV dell'ospedale che aiuta lo spirito di Luigi a guarire grazie alla compagnia e la felicità di momenti condivisi.

Summary of the story

Luigi, though immobilized by his fracture, rediscovers joy while attending a bicycle race in the hospital courtyard. Later, Leonardo organizes a ride along the Appia Antica with Luigi's grandson. In the afternoon, the hospital broadcasts the Giro d'Italia in the TV room, helping Luigi's spirit heal through companionship and the happiness of shared moments.

Cultural Insight – La Via Appia Antica

La **Via Appia Antica** è una delle strade più antiche e famose dell'Impero Romano, costruita nel 312 a.C. (avanti Cristo –

before Christ) per collegare (*to link*) Roma al sud d'Italia. Chiamata anche 'Regina Viarum' (Regina delle strade - *Queen of all roads*), era usata per trasportare merci (*goods*), soldati e messaggi in tutto l'Impero. Oggi fa parte di un grande **parco archeologico**, dove i visitatori possono camminare o andare in bicicletta lungo tratti (*sections*) dell'antica strada,e possono ammirare tombe, catacombe e resti di ville romane immersi nella natura.

Vocabulary

1 **catene** chains
2 **campanelli** bells
3 **attira** (it) attracts
4 **cortile** courtyard
5 **si sono radunati** they gathered
6 **intorno** around
7 **biciclette da corsa** racing bicycles
8 **folla** crowd
9 **assisterà** you will attend (formal)
10 **gara** race
11 **contro** against
12 **esordisce** (he) begins
13 **direttore di gara** race director
14 **cronometrista** timekeeper
15 **dirigere** to direct

16 **chi meglio di Lei** who better than you (formal)

17 **consegnandogli** handing him

18 **fischietto** whistle

19 **berretto** cap

20 **ciclista d'epoca** vintage cyclist

21 **distribuisce** (he) distributes

22 **nastri** ribbons

23 **altoparlanti** loudspeakers

24 **bellezza** beauty

25 **in testa** in the lead, in front

26 **pedala** (he) pedals

27 **tiene il tempo** (he) keeps time

28 **manovre** maneuvers

29 **fa battute** (he) makes jokes

30 **taglia il traguardo** (he) crosses the finish line

31 **vincitore** winner

32 **voglia di pedalare** desire to pedal

33 **dolore** pain

34 **non sono finite qui le sorprese** the surprises are not over

35 **si va** we go

36 **si presenta** (he) shows up

37 **fosse così bella** (it) was so beautiful

38 **viaggio nel tempo** journey through time

39 **acciottolato** cobblestone

40 **circondata** surrounded

41 **pini marittimi**   maritime pines

42 **campi dorati**   golden fields

43 **frizzante**   crisp

44 **li raggiunge**   (he) reaches them

45 **si sfidano**   they challenge each other

46 **a chi va più veloce**   who goes faster

47 **pezzo di gioventù**   piece of youth

48 **mollare**   to give up

49 **ruote**   wheels

50 **lo stanno già capendo**   they are already understanding it

51 **sfrecciare**   to speed

52 **non mostrava da tempo**   (she) had not shown for a long time

53 **mi fa bene al cuore**   (it) is good for my heart

54 **incollati**   stuck

55 **schermo**   screen

56 **affronta**   (he) faces

57 **salita**   climb

58 **forza**   go / come on / you can do it

59 **stringe i pugni**   (he) clenches his fists

60 **li stacca**   (he) pulls away from them

61 **prende la curva**   (he) takes the turn

62 **telecronista**   commentator

63 **si asciuga**   (he) wipes

64 **questa sì che è vita**   this is life indeed

65 **guariscono** they heal

66 **ti riempiono** they fill you

67 **pesano** they weigh

Domande a risposta multipla

1) Leonardo e Fabio organizzano una gara di biciclette nel cortile dell'ospedale per:

   a. Permettere a Luigi di allenarsi nonostante la frattura.

   b. Ridare a Luigi il senso di gioia e partecipazione che aveva perso.

   c. Raccogliere fondi a favore del reparto di geriatria.

2) Quale significato gli italiani attribuiscono alla bicicletta?

   a. È uno sport utile per restare in salute.

   b. È un simbolo di libertà, aria fresca, gioventù e romanticismo.

   c. È una tradizione esclusivamente legata al Giro d'Italia.

3) Che cosa simboleggia la frase finale di Leonardo: "In bicicletta, come nella vita, le salite pesano meno quando le fai in buona compagnia"?

a. Che la condivisione e il sostegno reciproco rendono più leggere anche le difficoltà.

b. Che andare in bicicletta è più salutare che curarsi in ospedale.

c. Che lo sport è l'unico rimedio per affrontare la vecchiaia.

Risposte

1) **B**

2) **B**

3) **A**

Il quaderno blu - The blue notebook

CAPITOLO 8

PARTE 8.1

Una mano che trema - A trembling hand

Il giovedì mattina, Leonardo sfoglia la lista dei nuovi pazienti e il suo sguardo **si ferma**[1] su un nome:

Adriana Lorusso, 72 anni – **tremori inspiegabili**[2], sospetto Parkinson.

Quando entra nella stanza con Fabio, trova una donna alta, capelli **argento**[3] raccolti in una **treccia morbida**[4], seduta vicino alla finestra. Nelle mani **stringe**[5] un quaderno blu, chiuso con un elastico.

Sul tavolo accanto al letto, un **vassoio**[6] del pranzo **intatto**[7].

«Buongiorno, signora Adriana!» esordisce Leonardo.

«Buongiorno, dottore.» risponde lei, con un leggero tremore nella voce... e nelle mani.

Mentre Fabio prende il **polso**[8] per misurare la pressione, Leonardo nota piccoli dettagli: gli occhi **leggermente**[9] **sporgenti**[10] e lucidi, la pelle **calda**[11], un lieve **arrossamento**[12] **diffuso**[13] sul viso, la frequenza cardiaca più rapida del normale.

«Da quanto ha questi tremori?» chiede Fabio.

«Da qualche mese. All'inizio pensavano **fosse**[14] Parkinson, ma non **ne sono sicuri**[15].»

Leonardo nota che, nonostante il tremore, la sua **postura**[16] è **eretta**[17], lo sguardo **vigile**[18]. Poi indica il quaderno. «Posso?»

Adriana esita, poi **lo porge**[19] a Leonardo. Lui lo apre e resta in silenzio: pagine e pagine di piccoli **ritratti**[20] di **Santi**[21], della **Madonna**[22] e di Gesù. E poi un **dettagliatissimo disegno**[23] della 'Creazione di Adamo' di Michelangelo Buonarroti. **Tratti**[24] leggeri e precisi. Non un segno di tremore.

«Questa copia di Michelangelo è bellissima!» mormora Leonardo.

Adriana sorride **appena**[25]. «Quando disegno, il tremore **sparisce**[26]. Andavo nella Cappella Sistina solo per disegnare per ore e ore. Ma non ho mai potuto vivere di questo... l'arte **non paga le bollette**[27]. Così sono diventata **ragioniera**[28].»

Fabio **scherza**[29]: «**Impara l'arte e mettila da parte**[30]... e lei **l'ha messa**[31] in un quaderno blu.»

Per la prima volta Adriana ride, un suono lieve ma autentico.

Dopo la visita, Leonardo resta **pensieroso**[32]. La diagnosi non è **chiara**[33], sente che i sintomi di Adriana potrebbero avere un'origine diversa dal Parkinson. E sa anche che c'è qualcosa nella **pittura**[34] che sembra curare Adriana più di **qualsiasi farmaco**[35].

Mentre compilano le note in infermeria, Lucia **li raggiunge**[36]. «Leonardo... domenica la mia famiglia va a **messa**[37] a Sant'Ignazio di Loyola. È una messa speciale, dedicata agli **anziani**[38] del reparto di geriatria. **Ti andrebbe**[39] di venire?»

Lui esita, ricordando le vecchie tensioni col padre di Lucia. «Non so se sia una buona idea...dopo la **discussione**[40] con tuo padre.»

Fabio, divertito: «**Non hai detto tu**[41] che bisogna uscire dalla zona di comfort?»

Lucia sorride, **paziente**[42]. «Ci sarà anche Padre Lorenzo che farà un **discorso**[43]. **Non puoi mancare**[44]!»

«Ok, **ci penso**[45] e ti faccio sapere.» Leonardo saluta Lucia con un **bacio sulla guancia**[46] e **si reca**[47] nella **cappella**[48] dell'ospedale.

Qui Leonardo incontra Padre Lorenzo **intento ad accendere**[49] le **candele**[50] per la messa serale. **Gli racconta**[51] della proposta di Lucia e dei suoi dubbi.

Padre Lorenzo lo ascolta e poi dice piano: «A volte, per capire una persona, bisogna guardare **ciò che guarda lei**[52]. Se per Lucia la bellezza passa anche dalla **fede**[53], forse **dovresti vederla**[54] con i suoi occhi.»

Leonardo annuisce lentamente, come se quelle parole **avessero appena sciolto**[55] un **nodo**[56].

Quando esce dalla cappella, scrive un messaggio a Lucia:

«Ci vediamo domenica a messa. **Prega per me**[57] =)»

Riassunto della storia

Leonardo e Fabio incontrano Adriana, un'ex ragioniera con tremori sospetti. I suoi sintomi fanno pensare a qualcosa di diverso dal Parkinson, dato che spariscono quando disegna. Leonardo nota dettagli clinici significativi. Intanto, Lucia lo invita a messa a Sant'Ignazio di Loyola con la sua famiglia. Nonostante le tensioni col padre di

Lucia, Leonardo decide di accettare l'invito dopo aver parlato con Padre Lorenzo.

Summary of the story

Leonardo and Fabio meet Adriana, a former accountant with suspicious tremors. Her symptoms suggest something different from Parkinson's, as they disappear when she draws. Leonardo notices significant clinical details. Meanwhile, Lucia invites him to Mass at Sant'Ignazio di Loyola with her family. Despite tensions with her father, Leonardo decides to accept the invitation after speaking with Father Lorenzo.

Cultural Insight – La Cappella Sistina

La **Cappella Sistina**, all'interno dei (*inside*) **Musei Vaticani**, è uno dei capolavori (*masterpieces*) più famosi al mondo. Il soffitto è stato dipinto (*it was painted*) da **Michelangelo Buonarroti** con affreschi (*frescos/paintings*) che rappresentano scene della Genesi e il celebre Giudizio Universale. I cardinali si riuniscono qui per eleggere (*elect*) il nuovo Papa, votando secondo un antico rituale. L'esito (*outcome*) viene annunciato con la celebre **fumata** (*smoke signal*): nera se non c'è accordo (*there isn't agreement*), bianca se un nuovo pontefice (*pope/pontiff*) è stato scelto (*has been chosen*).

Vocabulary

1 **si ferma** (he) stops
2 **tremori inspiegabili** unexplained tremors
3 **argento** silver
4 **treccia morbida** soft braid
5 **stringe** (she) clutches
6 **vassoio** tray
7 **intatto** intact
8 **polso** wrist
9 **leggermente** slightly
10 **sporgenti** protruding
11 **calda** warm
12 **arrossamento** redness
13 **diffuso** widespread
14 **fosse** (it) was
15 **ne sono sicuri** they are sure
16 **postura** posture
17 **eretta** upright
18 **vigile** alert
19 **lo porge** (she) hands it
20 **ritratti** portraits
21 **Santi** Saints
22 **Madonna** Virgin Mary
23 **dettagliatissimo disegno** very detailed drawing
24 **tratti** strokes

25 **appena** barely

26 **sparisce** (it) disappears

27 **non paga le bollette** (it) doesn't pay the bills

28 **ragioniera** accountant

29 **scherza** (he) jokes

30 **impara l'arte e mettila da parte** learn the art and set it aside (meaning 'learn a trade for future use')

31 **l'ha messa** you put it (formal)

32 **pensieroso** thoughtful

33 **chiara** clear

34 **pittura** painting

35 **qualsiasi farmaco** any medicine

36 **li raggiunge** (she) joins them

37 **messa** mass

38 **anziani** elderly

39 **ti andrebbe** would you like

40 **discussione** argument

41 **non hai detto tu** didn't you say

42 **paziente** patient

43 **discorso** speech

44 **non puoi mancare** you can't miss it

45 **ci penso** I'll think about it

46 **bacio sulla guancia** kiss on the cheek

47 **si reca** (he) goes

48 **cappella** chapel

49 **intento ad accendere** focused on lighting up

50 **candele** candles

51 **gli racconta** (he) tells him

52 **ciò che guarda lei** what (she)looks at

53 **fede** faith

54 **dovresti vederla** you should see it

55 **avessero appena sciolto** they had just loosened

56 **nodo** knot

57 **prega per me** pray for me

Domande a risposta multipla

1) Che dettagli clinici osserva Leonardo in Adriana?

   a. La postura curva e la difficoltà a camminare.

   b. Gli occhi sporgenti, la perdita di appetito e l'insonnia

   c. Gli occhi leggermente sporgenti, la pelle calda e la tachicardia

2) La trisnonna di Ilaria è scappata negli Stati Uniti perché:

   a. Il trisnonno è morto durante la Prima Guerra Mondiale.

   b. Il trisnonno non voleva più stare con lei.

   c. Il trisnonno è morto improvvisamente di cancro.

3) Cosa consiglia Padre Lorenzo a Leonardo riguardo al rapporto con Lucia e la sua famiglia?

    a. Di convincere il padre di Lucia con argomenti razionali.

    b. Di provare a guardare il mondo con gli occhi di Lucia.

    c. Di evitare del tutto discussioni sulla fede.

Risposte

1) **C**

2) **A**

3) **B**

CAPITOLO 8

PARTE 8.2

Un dipinto che unisce - A painting that unites

La domenica mattina, la luce **filtra**[1] tra le vie del centro di Roma, **accarezzando**[2] i **palazzi storici**[3].

Leonardo cammina accanto a Lucia, mentre Fabio li segue insieme ad Adriana, che **ha insistito**[4] per venire, stringendo il suo quaderno blu.

Quando entrano nella Chiesa di Sant'Ignazio di Loyola, il **respiro**[5] di Adriana **si fa più lento**[6]. L'odore dell'**incenso**[7], il silenzio **interrotto**[8] solo da **passi**[9] e **bisbigli**[10], e sopra di loro... la **cupola**[11] dipinta da Andrea Pozzo.

Leonardo osserva la cupola: un'illusione perfetta di **profondità**[12], un **cielo**[13] che non c'è ma sembra **aprirsi davvero**[14].

Il padre di Lucia è già seduto in una **panca**[15], il volto serio. Leonardo **si accomoda**[16] accanto a lui, con un **cenno**[17] rispettoso.

Poco dopo, Padre Lorenzo **prende la parola**[18] durante l'**omelia**[19].

«Sapete, a volte la **verità**[20] è come questa cupola.» dice, indicando in alto. «**Da vicino**[21], alcuni vedono solo **pennellate**[22], **ombre**[23], errori. **Da lontano**[24], altri vedono l'illusione di un cielo. **Entrambe le prospettive**[25] sono vere. Così è con le opinioni: diverse, a volte **opposte**[26]... ma **se ci spostassimo**[27] di un passo, potremmo vedere che entrambe le prospettive sono **effettivamente**[28] vere. Vi invito a fare il primo passo oggi con qualcuno le cui opinioni sono **diverse dalle vostre**[29]. Un primo passo verso l'accettazione ed il rispetto **dell'altro**[30].»

Dopo la messa, Leonardo accompagna Adriana vicino all'altare per trovare un **posto migliore**[31] da cui osservare il **soffitto**[32]. Un **gesto**[33] semplice, ma pieno di compassione.

Il padre di Lucia sembra **cogliere**[34] quel momento. Le sue **spalle**[35] si rilassano **leggermente**[36].

Usciti dalla chiesa, l'uomo si avvicina a Leonardo. e comincia con tono **meno rigido**[37] **del solito**[38]. «Forse **ti ho giudicato**[39] troppo **in fretta**[40]. Ho ancora le mie idee, ma... oggi ho visto un altro **lato**[41] di te che non avevo ancora visto. Compassione e generosità. E ho capito che **si può discutere**[42] anche avendo prospettive diverse.»

Leonardo annuisce, **accennando**[43] un sorriso. «E io ho capito che il rispetto **conta**[44] più della propria opinione. Grazie per aver fatto il primo passo!»

Si stringono la mano, in un gesto **breve**[45] ma sincero.

Accanto a loro, Adriana sorride: «Quella cupola... mi ha ricordato perché ho iniziato a dipingere. Per creare **mondi**[46] che forse non esistono, ma che **fanno bene al cuore**[47].»

Leonardo la guarda con un'idea che **gli frulla in testa**[48].

Il giorno dopo, entra nella stanza di Adriana con una grande **tela**[49] bianca e una **scatola**[50] di **colori a olio**[51]. «Ho pensato che **fosse ora**[52] di uscire dal quaderno blu.»

Adriana **sfiora**[53] la tela con le dita. «Non dipingo su una tela da anni.»

«Allora **ricominciamo**[54] oggi.» **la incita**[55] Leonardo.

Mentre i primi tratti **prendono forma**[56], Leonardo parla: «Ho **buone notizie**[57], Adriana. Non è Parkinson. Gli esami confermano la Malattia di Basedow-Graves: i tremori vengono dall'ipertiroidismo. Possiamo curarla, e **col tempo**[58] miglioreranno.»

Adriana **sospira di sollievo**[59]. «Credevo di **dover dire addio**[60] ai **pennelli**[61].»

«Al contrario, credo che dovrà usarli **ancora di più**[62].» conferma Leonardo.

Osservando Adriana dipingere, Leonardo pensa che a volte la vera terapia non è **correggere ciò che trema**[63]... ma dare alle mani un **motivo**[64] per restare **ferme**[65].

Riassunto della storia

Leonardo accompagna Adriana, Fabio e Lucia alla messa a Sant'Ignazio, dove Padre Lorenzo parla di prospettive diverse. Il padre di Lucia inizia a fidarsi di Leonardo. Adriana ritrova la pittura come terapia, mentre Leonardo diagnostica la Malattia di Basedow-Graves, curabile.

Summary of the story

Leonardo joins Adriana, Fabio, and Lucia at Mass in Sant'Ignazio, where Father Lorenzo speaks about different perspectives. Lucia's father begins to trust Leonardo. Adriana rediscovers painting as therapy, while Leonardo diagnoses Basedow-Graves disease, a treatable condition.

Cultural Insight – La Chiesa di Sant'Ignazio di Loyola

Nel centro di Roma, vicino al Pantheon, si trova la **Chiesa di Sant'Ignazio di Loyola**. È famosa per gli affreschi illusionistici di una cupola e di un cielo infinito dipinti da Andrea Pozzo, anche se la chiesa non ha una cupola reale per ragioni economiche (*for financial reasons*). Pozzo ha usato prospettiva e luce (*perspective and light*) per dare profondità (*depth*) al soffitto. Sul pavimento (*on the floor*) c'è un punto preciso per ammirare l'illusione perfetta della cupola dipinta che continua a stupire (*to amaze*) i visitatori dopo più di tre secoli (*centuries*).

Vocabulary

1 **filtra** (it) filters
2 **accarezzando** caressing
3 **palazzi storici** historic buildings
4 **ha insistito** (she) insisted
5 **respiro** breath
6 **si fa più lento** (it) slows down
7 **incenso** incense
8 **interrotto** interrupted
9 **passi** steps

10 **bisbigli** whispers

11 **cupola** dome

12 **profondità** depth

13 **cielo** sky

14 **aprirsi davvero** to truly open

15 **panca** (church) pew

16 **si accomoda** (he) sits down

17 **cenno** nod

18 **prende la parola** (he) takes the floor / speaks

19 **omelia** homily

20 **verità** truth

21 **da vicino** up close

22 **pennellate** brushstrokes

23 **ombre** shadows

24 **da lontano** from afar

25 **entrambe le prospettive** both perspectives

26 **opposte** opposite

27 **se ci spostassimo** if we moved

28 **effettivamente** actually

29 **diverse dalle vostre** different from yours

30 **dell'altro** of the other (person)

31 **posto migliore** better place

32 **soffitto** ceiling

33 **gesto** gesture

34 **cogliere** to grasp

35 **spalle** shoulders

36 **leggermente** slightly

37 **meno rigido** less rigid

38 **del solito** than usual

39 **ti ho giudicato** I judged you

40 **in fretta** quickly

41 **lato** side

42 **si può discutere** it is possible to discuss

43 **accennando** hinting

44 **conta** (it) counts

45 **breve** brief

46 **mondi** worlds

47 **fanno bene al cuore** they are good for the heart

48 **gli frulla in testa** (it) buzzes in his head

49 **tela** canvas

50 **scatola** box

51 **colori a olio** oil paints

52 **fosse ora** it was time

53 **sfiora** (she) touches lightly

54 **ricominciamo** let's start again

55 **la incita** (he) encourages her

56 **prendono forma** they take shape

57 **buone notizie** good news

58 **col tempo** with time

59 **sospira di sollievo** (she) sighs with relief

60 **dover dire addio** to have to say goodbye

61 **pennelli** paintbrushes

62 **ancora di più** even more
63 **correggere ciò che trema** to correct what trembles
64 **motivo** reason
65 **ferme** still

Domande a risposta multipla

1) Qual è il significato del discorso di Padre Lorenzo durante l'omelia a Sant'Ignazio?

   a. Che la fede è l'unico modo per vedere la verità.

   b. Che la verità si vede solo da lontano, mai da vicino.

   c. Che prospettive diverse possono essere entrambe vere se ci si sposta di un passo.

2) Come reagisce il padre di Lucia dopo la messa?

   a. Continua a diffidare di Leonardo senza dirgli nulla.

   b. Ammette di averlo giudicato troppo in fretta e riconosce la sua compassione.

   c. Gli dice che non potrà mai fidarsi di lui perché hanno prospettive diverse.

3) In che modo la visita alla chiesa di Sant'Ignazio di Loyola influenza Adriana?

   a. Ritrova l'ispirazione per tornare a dipingere.

   b. Si convince che la fede sia l'unica cura per ogni malattia.

   c. Si sente scoraggiata a dipingere di nuovo su tela.

Risposte

1) C

2) B

3) A

Il silenzio di Francesco - Francesco's silence

CAPITOLO 9

PARTE 9.1

Lettere mai spedite -Never sent letters

Il mercoledì mattina Roma è **avvolta**[1] da una **luce pallida**[2], il cielo **velato**[3] sopra i **sampietrini**[4] umidi del cortile dell'ospedale.

Leonardo attraversa il cortile con le mani **in tasca**[5], un **tarlo**[6] in testa che **non lo lascia in pace**[7]: Francesco De Angelis, il suo lontano parente.

Suo zio **alla lontana**[8], radiologo in **pensione**[9], morto un anno prima. La cartella clinica diceva "arresto cardiaco **improvviso**[10]", ma nessuno sapeva dare una **vera** spiegazione[11]. Nessun **infarto**[12], nessuna patologia cronica grave. Solo un silenzio **ostinato**[13] attorno alla sua **fine**[14].

Nella sala medici, tra il **fruscio**[15] di pagine e il **tintinnio**[16] delle tazzine, Leonardo ascolta vecchi **colleghi**[17] di reparto che ricordano **aneddoti**[18]: la precisione **maniacale**[19] di Francesco nel leggere le **radiografie**[20], il suo **vizio**[21] di arrivare sempre mezz'ora prima del turno, il modo in cui **evitava**[22] ogni **discorso**[23] personale.

«Era un uomo **di poche parole**[24], ma quando parlava…» dice un'infermiera anziana. «…aveva lo sguardo **di chi ha visto troppo**[25].»

Quella **frase**[26] **accompagna**[27] Leonardo per tutto il giorno. La sera, mentre esce dal reparto, riceve un messaggio **inaspettato**[28] da Edoardo, il nipote di Francesco:

«Se vuoi parlare di mio nonno, domani mattina alle 11.
Bar del **Portico**[29] d'Ottavia nel **Ghetto Ebraico**[30].»

Il giorno dopo, Leonardo arriva con qualche minuto **d'anticipo**[31]. Piazza Mattei è ancora **semi-deserta**[32], le tre **tartarughe**[33] della **fontana**[34] immobili sotto il cielo grigio.

Edoardo è già lì, in giacca scura, seduto a un tavolo sotto l'**ombrellone**[35] chiuso. Accanto a lui c'è una **cartellina sottile**[36].

«Non ho cambiato idea **sul fatto**[37] che **certe cose debbano restare**[38] private.» esordisce Edoardo, senza **preamboli**[39]. «Ma ho trovato delle lettere di mio nonno Francesco **indirizzate**[40] a tua nonna negli Stati Uniti ma **mai inviate**[41] e mai aperte. **Siccome**[42] tu sei l'unico parente americano che conosco, ho pensato di darle a te. **Non oserei mai**[43] aprire la **corrispondenza**[44] per **qualcun altro**[45].»

Spinge[46] la cartellina verso di lui. Leonardo la apre, **sfiorando**[47] la **carta ingiallita**[48] delle **buste**[49]. Poi chiede **sollevando**[50] lo sguardo: «Perché adesso?»

Edoardo **esita**[51] un momento. «Non so. Forse perché... ieri sera ho parlato con mia sorella Ilaria. Mi ha detto che stai aiutando persone che non conosci **come se fossero famiglia**[52]. Forse... **meriti**[53] almeno un **frammento**[54] della nostra storia.»

Non c'è un sorriso, ma un'**ombra**[55] di rispetto sì.

Leonardo chiude la cartellina, la stringe sotto il braccio. «Grazie, Edoardo. **Non la sprecherò**[56].»

Poi, mentre si allontana lungo il Portico d'Ottavia, tra il profumo di **carciofi fritti**[57] e le voci dei turisti, sente il **peso**[58] e il **calore**[59] di quelle lettere.

Un **filo**[60] che unisce due **rami**[61] della stessa famiglia, **interrotto**[62] **troppo a lungo**[63].

Riassunto della storia

Leonardo indaga sulla misteriosa morte dello zio Francesco, radiologo silenzioso e riservato. Dopo aver parlato con la sorella Ilaria, il nipote di Francesco, Edoardo, chiede di incontrarlo nel Ghetto Ebraico di Roma dove gli consegna lettere mai spedite scritte da Francesco alla nonna di Leonardo in America. Leonardo percepisce finalmente rispetto da Edoardo.

Summary of the story

Leonardo investigates the mysterious death of his uncle Francesco, a quiet and reserved radiologist. After speaking with his sister Ilaria, Francesco's grandson Edoardo asks to meet him in Rome's Jewish Ghetto, where he hands him unsent letters written to Leonardo's grandmother in America. For the first time, Leonardo feels genuine respect from Edoardo.

Cultural Insight – Il Ghetto Ebraico di Roma

Il **Ghetto ebraico di Roma**, situato vicino al Tevere, è uno dei quartieri più antichi ed affascinanti della città. Fu creato (*it was created*) nel 1555 dal Papa Paolo IV, che obbligò gli ebrei (*forced Jewish people*) a vivere in quest'area chiusa da mura (*closed by walls*) e soggetta a rigide regole (*under strict rules*). Oggi il Ghetto è un luogo vivace e ricco di storia, dove convivono **sinagoghe, ristoranti kosher e botteghe** (*shops/ workshops*) **tradizionali**. Qui si può assaggiare (*taste*) il celebre 'carciofo alla giudia' (*Jewish artichoke dish*), uno dei piatti simbolo della cucina romana, nato proprio (*born precisely*) nella comunità ebraica.

Vocabulary

1 **avvolta** wrapped / enveloped
2 **luce pallida** pale light
3 **velato** veiled
4 **sampietrini** cobblestones
5 **in tasca** in his pockets
6 **tarlo** nagging thought
7 **non lo lascia in pace** (it) doesn't leave him alone
8 **alla lontana** distant
9 **pensione** retirement
10 **improvviso** sudden
11 **vera spiegazione** real explanation
12 **infarto** heart attack
13 **ostinato** stubborn
14 **fine** end / death
15 **fruscio** rustle
16 **tintinnio** clinking

17 **colleghi** colleagues

18 **aneddoti** anecdotes

19 **maniacale** obsessive

20 **radiografie** x-rays

21 **vizio** habit

22 **evitava** (he) avoided

23 **discorso** conversation

24 **di poche parole** of few words

25 **di chi ha visto troppo** of someone who has seen too much

26 **frase** sentence

27 **accompagna** (it) accompanies

28 **inaspettato** unexpected

29 **portico** portico / covered walkway

30 **ghetto ebraico** Jewish ghetto

31 **d'anticipo** early

32 **semi-deserta** half-deserted

33 **tartarughe** turtles

34 **fontana** fountain

35 **ombrellone** parasol

36 **cartellina sottile** thin folder

37 **sul fatto** on the fact

38 **certe cose debbano restare** certain things must remain

39 **preamboli** preambles

40 **indirizzate** addressed

41 **mai inviate** never sent

42 **siccome** since

43 **non oserei mai** I would never dare

44 **corrispondenza** correspondence

45 **qualcun altro** someone else

46 **spinge** (he) pushes

47 **sfiorando** brushing

48 **carta ingiallita** yellowed paper

49 **buste** envelopes

50 **sollevando** raising

51 **esita** (he) hesitates

52 **come se fossero famiglia** as if they were family

53 **meriti** you deserve

54 **frammento** fragment

55 **ombra** shadow

56 **non la sprecherò** I won't waste it

57 **carciofi fritti** fried artichokes

58 **peso** burden

59 **calore** warmth

60 **filo** thread

61 **rami** branches

62 **interrotto** interrupted

63 **troppo a lungo** too long

Domande a risposta multipla

1) Perché la morte di Francesco appare un mistero a Leonardo?

    a. Perché la cartella clinica non mostrava segni di infarto o malattia cronica.

    b. Perché Francesco era morto all'estero senza lasciare documenti.

    c. Perché nessuno della famiglia aveva voluto parlare del suo passato.

2) Cosa ricordano i vecchi colleghi della personalità di Francesco?

    a. Il suo vizio di arrivare in anticipo prima dei turni e essere una persona molto socievole.

    b. La sua abitudine a raccontare barzellette per rallegrare i turni.

    c. La sua precisione maniacale e il suo carattere riservato.

3) Perché Edoardo decide di consegnare le lettere di Francesco a Leonardo?

    a. Perché non aveva nessun interesse a conservarle e voleva liberarsene.

b. Perché la sorella Ilaria gli aveva detto che Leonardo aiutava persone come fossero famiglia.

c. Perché voleva mettere Leonardo alla prova per vedere se era davvero un medico capace.

Risposte

1) **A**

2) **C**

3) **B**

CAPITOLO 9

PARTE 9.2

Un cuore rotto - A broken heart

La sera, nella **quiete**[1] del suo appartamento, Leonardo apre con **cautela**[2] la cartellina.

L'odore di carta vecchia **gli riempie**[3] le **narici**[4], **riportandolo**[5] a pomeriggi d'infanzia passati a **rovistare**[6] tra i libri di famiglia.

La calligrafia è **ordinata**[7], **decisa**[8]. Nelle prime **righe**[9], nomi di persone che non conosce. Poi frasi in italiano e in inglese **mescolati**[10], come se Francesco **oscillasse**[11] tra due mondi.

Si accorge[12] presto del **motivo per cui**[13] quelle lettere non erano mai state spedite. La data **in cima**[14] alla prima pagina è di due settimane dopo la morte di sua nonna Maria in America. Un dolore **ancora vivo**[15] nel cuore di Francesco.

Francesco scriveva come se la nonna di Leonardo **potesse ancora leggere**[16] le sue lettere:

«Cara Maria, oggi **ho sognato**[17] la tua cucina. Il profumo del caffè al mattino e il rumore della **pioggia**[18] contro la finestra di San Francisco. Mi sono svegliato e mi sono ricordato che non posso più tornare in America. L'oceano tra noi è diventato **più largo di quanto**[19] le mie **ossa**[20] **possano sopportare**[21].»

Pagina dopo pagina, **il tono cambia**[22]. Dai **ricordi teneri**[23] passa a malinconia e dolore:

«Roma **mi accoglie**[24], ma **non mi appartiene**[25]. L'America mi manca come un **arto fantasma**[26]. **Non aver potuto dirti addio**[27] di persona... è il mio **peso**[28] più grande.»

Leonardo **posa**[29] le lettere sul tavolo. Rivede Francesco in ospedale: il **torace sollevato a fatica**[30], gli occhi lucidi ma **orgogliosi**[31], la diagnosi che non arrivava mai.

Un'intuizione **gli si accende**[32] in mente: sindrome Takotsubo, la sindrome del "**cuore spezzato**[33]".

Non un infarto classico, ma uno shock emotivo così intenso da **alterare**[34] la **forma**[35] del cuore e **comprometterne**[36] la funzione. E per Francesco, lo shock era stato l'**impossibilità**[37] di **attraversare**[38] l'oceano per salutare i suoi parenti **un'ultima volta**[39].

Il giorno dopo, Leonardo **si reca**[40] al Ghetto Ebraico, dove **ha preso appuntamento**[41] con Ilaria ed Edoardo.

Ilaria lo aspetta davanti alla Fontana delle Tartarughe mentre Edoardo è più distante, le mani in tasca.

Mentre cammina tra le strade **lastricate**[42], nota alcuni sampietrini in **ottone**[43] che ricordano i nomi delle persone che abitavano nel quartiere e che **sono state deportate**[44] ad Auschwitz durante la Seconda Guerra Mondiale.

Pensa a quante famiglie qui **hanno conosciuto**[45] un dolore **muto**[46], simile a quello di Francesco: separazioni senza **addio**[47], **partenze senza ritorno**[48].

Il silenzio di certi traumi non è **vuoto**[49]: è il peso **di ciò che non è mai stato detto**[50]. E all'improvviso la morte di suo zio **gli appare chiara**[51], **incastonata**[52] in questa **cornice**[53] di **resistenza silenziosa**[54].

«Ho letto le lettere.» esordisce Leonardo, guardando Ilaria. «Tuo nonno non è morto per una malattia cronica. È morto di un cuore spezzato. In medicina si chiama '*sindrome di Tako-tsubo*', ma in realtà è... dolore.»

Ilaria abbassa lo sguardo, le **dita strette**[55] attorno alla **borsa**[56]. «Quindi... non potevamo fare nulla?»

«Forse no. Ma possiamo ricordarlo **per quello che era**[57]. Un uomo **diviso**[58] tra due mondi, tra Italia e Stati Uniti, che ha amato entrambi con la **stessa intensità**[59].» Leonardo cerca di **consolarla**[60].

Edoardo **fa un passo avanti**[61], il volto **meno teso**[62]. «Sai, Dottor De Angelis... pensavo **volessi solo scavare**[63] per curiosità, soldi o **chissà cosa**[64]. Ma forse... ti interessava **davvero**[65] mio nonno Francesco.»

Leonardo annuisce. «Era mio zio. **Il sangue non è acqua**[66].»

Per la prima volta, Edoardo **tende**[67] la mano. «Allora... **consideriamoci**[68] almeno cugini **in pace**[69].»

Leonardo la stringe, sentendo che un **pezzo**[70] di silenzio familiare **si è finalmente rotto**[71].

Riassunto della storia

Leonardo legge le lettere mai spedite dello zio Francesco, scritte dopo la morte della nonna in America, e capisce che è morto di "sindrome del cuore spezzato". Nel Ghetto Ebraico riflette sul dolore silenzioso e si riconcilia finalmente con Edoardo e Ilaria.

Summary of the story

Leonardo reads his uncle Francesco's unsent letters, written after his grandmother's death in America, and realizes he died of "broken heart syndrome." In the Jewish Ghetto, he reflects on silent trauma and finally reconciles with Edoardo and Ilaria.

Cultural Insight – *Le Pietre d'Inciampo*

Le **pietre d'inciampo** (*Stolpersteine* in tedesco o *Stumbling stones* in inglese) sono sampietrini (*cobblestones*) ricoperti (*covered*) da una lastra di ottone (*brass plaque*) che ricordano le vittime delle persecuzioni naziste. Su ogni pietra è inciso (*is carved*) il nome, la data di nascita (*birth date*) e il destino della persona deportata o uccisa (*deported or killed*) durante la Seconda guerra mondiale. A Roma se ne trovano (*you can find*) più di 400, soprattutto nel Ghetto ebraico e nei quartieri centrali. L'artista tedesco Gunter Demnig, ideatore del progetto (*the project's creator*), dice che "una persona viene dimenticata (*is forgotten*) solo quando il suo nome viene dimenticato".

Vocabulary

1 **quiete** quiet
2 **cautela** caution
3 **gli riempie** (it) fills his (nostrils)

4 **narici** nostrils

5 **riportandolo** bringing him back

6 **rovistare** to rummage

7 **ordinata** orderly

8 **decisa** decisive

9 **righe** lines

10 **mescolati** mixed

11 **oscillasse** (he) was swinging / wavering

12 **si accorge** (he) notices

13 **motivo per cui** reason why

14 **in cima** at the top

15 **ancora vivo** still alive

16 **potesse ancora leggere** (she) could still read

17 **ho sognato** I dreamed

18 **pioggia** rain

19 **più largo di quanto** wider than

20 **ossa** bones

21 **possano sopportare** they can bear

22 **il tono cambia** the tone changes

23 **ricordi teneri** tender memories

24 **mi accoglie** (it) welcomes me

25 **non mi appartiene** (it) does not belong to me

26 **arto fantasma** phantom limb

27 **non aver potuto dirti addio** not having been able to say goodbye

28 **peso** burden

29 **posa** (he) lays down

30 **torace sollevato a fatica** chest lifted with difficulty

31 **orgogliosi** proud

32 **gli si accende** (it) lights up in his (mind)

33 **cuore spezzato** broken heart

34 **alterare** to alter

35 **forma** shape

36 **comprometterne** to compromise its (functioning)

37 **impossibilità** impossibility

38 **attraversare** to cross

39 **un'ultima volta** one last time

40 **si reca** (he) goes

41 **ha preso appuntamento** (he) made an appointment

42 **lastricate** paved

43 **ottone** brass

44 **sono state deportate** they were deported

45 **hanno conosciuto** they have known

46 **muto** mute

47 **addio** farewell

48 **partenze senza ritorno** departures without return

49 **vuoto** void

50 **di ciò che non è mai stato detto** of what was never said

51 **gli appare chiara** (it) appears clear to him

52 **incastonata** set

53 **cornice** frame

54 **resistenza silenziosa** silent resistance

55 **dita strette** tight fingers

56 **borsa** bag

57 **per quello che era** for what (he) was

58 **diviso** divided

59 **stessa intensità** same intensity

60 **consolarla** to comfort her

61 **fa un passo avanti** (he) takes a step forward

62 **meno teso** less tense

63 **volessi solo scavare** you wanted only to dig

64 **chissà cosa** who knows what

65 **davvero** really

66 **il sangue non è acqua** blood is thicker than water

67 **tende** (he) extends

68 **consideriamoci** let's consider ourselves

69 **in pace** in peace

70 **pezzo** piece

71 **si è finalmente rotto** (it) has finally broken

Domande a risposta multipla

1) Le lettere mai spedite di Francesco rivelano che:

   a. Desiderava trasferirsi definitivamente negli Stati Uniti.

   b. La morte della nonna di Leonardo lo aveva devastato e non aveva potuto salutarla.

c. Era malato di cuore già da molti anni e voleva curarsi negli Stati Uniti.

2) Cosa causa la sindrome Tako-tsubo?

a. Un'infezione batterica che colpisce direttamente il muscolo cardiaco.

b. Un accumulo cronico di colesterolo nelle arterie coronarie.

c. Uno forte stress emotivo che altera temporaneamente la funzione e forma del cuore.

3) Il Ghetto Ebraico diventa significativo nella riflessione di Leonardo perché:

a. Perché i sampietrini in ottone lo fanno riflettere su dolori silenziosi e separazioni senza addio.

b. Lì Edoardo rivela un segreto della famiglia De Angelis.

c. Scopre che Francesco era stato deportato ad Auschwitz da giovane.

Risposte

1) B
2) C
3) A

Ce l'hai fatta! - You made it!

CAPITOLO 10

PARTE 10.1

L'albero genealogico -The family tree

Il lunedì mattina l'aria nel reparto sembra diversa. **Mancano pochi giorni**[1] alla fine del tirocinio e alla cerimonia di fine tirocinio sull'Isola Tiberina. Leonardo sente ogni **passo**[2] più pesante e prezioso.

Un'infermiera **lo ferma**[3] assieme a Fabio: «Dottori, c'è una certa Silvia con sua mamma Rita che vi stanno aspettando... **ricovero**[4] d'urgenza.»

Fabio **si irrigidisce**[5]. «È la mamma di Silvia.»

Leonardo **sgrana**[6] gli occhi. «Pensavo **stesse**[7] meglio dopo l'**intervento**[8].»

Entrano in camera. Rita è seduta sul letto, il **volto pallido**[9], il **respiro affaticato**[10], le mani **debolmente appoggiate**[11] sulle **lenzuola**[12]. Accanto a lei Silvia le stringe la mano.

«Ciao Silvia. Siamo venuti **appena**[13] abbiamo saputo.» Fabio bacia la sua **guancia**[14]. «Come si sente, signora Rita?»

«**Come se avessi le gambe di un'altra**[15].» risponde Rita con un **filo di voce**[16]. «Cammino male, non sento i piedi… e **mi imbarazza**[17] dirlo, ma non riesco **nemmeno**[18] a controllare la **vescica**[19].»

Leonardo apre la cartella: intervento per **tumore alle ovaie**[20], una settimana prima. **Anestesia spinale**[21].

Ora: **debolezza**[22] muscolare, perdita di sensibilità, **disturbi sfinterici**[23]. Sintomi gravi.

Mentre ascolta il respiro della donna con lo **stetoscopio**[24], nota un dettaglio: sotto la maglietta, nella zona **lombare**[25], **spunta**[26] un **tatuaggio**[27] colorato, un albero con i nomi della famiglia di Rita **intrecciati**[28] nei **rami**[29].

«Posso chiederLe quando ha fatto questo tatuaggio?» domanda.

«Una settimana prima dell'operazione. Volevo portare la mia famiglia con me in **sala operatoria**[30].» spiega Rita.

Fabio prova a **sdrammatizzare**[31]: «Anche io e Leonardo stiamo pensando a un tatuaggio per celebrare la fine del tirocinio e di **quest'anno pazzo**[32] in medicina!»

Ma Leonardo non ride. Fissa la **pelle arrossata**[33] attorno al disegno e il piccolo segno dell'**ago dell'epidurale**[34]. **In un lampo**[35] tutto **si collega**[36].

«Fabio, credo di aver trovato la causa!» esclama, poi **si rivolge**[37] a Rita: «Il tatuaggio è bellissimo... ma i pigmenti del tatuaggio, **introdotti**[38] **accidentalmente**[39] con l'epidurale, possono **avere scatenato**[40] un'**infiammazione neurotossica**[41]. È raro, ma possibile.»

Gli occhi di Silvia **brillano**[42] di **speranza**[43]. «Quindi si può curare?»

«Sì, con urgenza. Bisogna **ridurre**[44] l'infiammazione e proteggere i nervi. Ma siamo in tempo.» Leonardo sorride.

Silvia stringe più forte la mano della madre. «Se è **davvero così**[45]... almeno sappiamo come curarti.»

Leonardo organizza subito gli esami. Fabio lo osserva **ammirato**[46]. «Non potevi **chiudere**[47] il tirocinio senza un ultimo caso impossibile. Ma come hai fatto il **collegamento**[48] con il tatuaggio? Sei un **genio**[49]!»

Leonardo ride. «**Di recente**[50] ho cercato online dove fare il nostro tatuaggio… e **mi sono imbattuto**[51] in casi clinici di tatuaggi sulla **schiena**[52] e anestesie spinali che causano complicazioni. **Mi è rimasto impresso**[53].»

Anche Fabio scoppia a ridere. «Va bene, niente tatuaggi sulla schiena allora. Ma ti confesso che un **bel dragone**[54] lungo tutta la **spina dorsale**[55] non sarebbe stato male.»

Leonardo e Fabio ridono **senza freno**[56]. Ma Leonardo **sente crescere dentro di sé**[57] una strana emozione: è l'ultimo caso del suo tirocinio, e presto dovrà decidere cosa **farà 'da grande'**[58].

Riassunto della storia

Leonardo e Fabio affrontano un ricovero urgente: Rita, la madre di Silvia, presenta gravi sintomi neurologici dopo un'operazione. Scoprono che un tatuaggio lombare recente, combinato con l'epidurale, ha causato un'infiammazione neurotossica. Diagnosticata in tempo, Rita può essere curata.

Summary of the story

Leonardo and Fabio face an urgent case: Silvia's mother, Rita, shows severe neurological symptoms after surgery. They discover that a recent lower-back tattoo, combined with the epidural, triggered a neurotoxic inflammation. Diagnosed in time, Rita can be treated and recover.

Cultural Insight – L'Isola Tiberina

L'**Isola Tiberina** è l'unica isola urbana del fiume Tevere, collegata alla terraferma (*linked to the mainland*) dai due ponti. Secondo la leggenda, dopo aver espulso (*having expelled*) re Tarquinio il Superbo nel 510 a.C., i romani gettarono (*threw*) i covoni di grano (*wheat sheaves*) appartenuti (*owned*) al re nel fiume, creando (*creating*) l'sola. In realtà, l'isola è formata da roccia vulcanica antichissima, modellata (*shaped*) nei secoli dalle alluvioni (*floods*). Nel I secolo a.C. l'isola fu trasformata (*was transformed*) in una nave di pietra (*rock boat*) con obelisco dedicato al dio Esculapio come albero maestro (*main mast*). L'obelisco fu sostituito (*was substituted*) dalla 'colonna infame (*infamous column*)', dove venivano pubblicati i nomi di chi non partecipava (*of whom was not participating*) alla messa di Pasqua (*Easter Mass*).

Vocabulary

1 **mancano pochi giorni** there are few days left

2 **passo** step

3 **lo ferma** (she) stops him

4 **ricovero** admission

5 **si irrigidisce** (he) stiffens

6 **sgrana** (he) widens (his eyes)

7 **stesse** (she) was

8 **intervento** operation / surgery

9 **volto pallido** pale face

10 **respiro affaticato** laboured breath

11 **debolmente appoggiate** resting weakly

12 **lenzuola** sheets

13 **appena** as soon as

14 **guancia** cheek

15 **come se avessi le gambe di un'altra** as if I had someone else's legs

16 **filo di voce** faint voice

17 **mi imbarazza** (it) embarrasses me

18 **nemmeno** not even

19 **vescica** bladder

20 **tumore alle ovaie** ovarian cancer

21 **anestesia spinale** spinal anesthesia

22 **debolezza** weakness

23 **disturbi sfinterici** sphincter disorders

24 **stetoscopio** stethoscope

25 **lombare** lumbar

26 **spunta** (it) emerges

27 **tatuaggio** tattoo

28 **intrecciati** intertwined

29 **rami** branches

30 **sala operatoria** operating room

31 **sdrammatizzare** to lighten the mood

32 **quest'anno pazzo** this crazy year

33 **pelle arrossata** reddened skin

34 **ago dell'epidurale** epidural needle

35 **in un lampo** in a flash

36 **si collega** (it) clicks into place

37 **si rivolge** (he) addresses

38 **introdotti** introduced

39 **accidentalmente** accidentally

40 **avere scatenato** to have triggered

41 **infiammazione neurotossica** neurotoxic inflammation

42 **brillano** they shine

43 **speranza** hope

44 **ridurre** to reduce

45 **davvero così** really so

46 **ammirato** admiring

47 **chiudere** to finish

48 **collegamento** connection

49 **genio** genius

50 **di recente** recently

51 **mi sono imbattuto** I came across

52 **schiena** back

53 **mi è rimasto impresso** it stuck with me

54 **bel dragone** nice dragon

55 **spina dorsale** spinal column

56 **senza freno** without restraint

57 **sente crescere dentro di sé** (he) feels growing inside himself

58 **farà 'da grande'** what he'll be 'when he grows up'

Domande a risposta multipla

1) Qual'è il disturbo sfinterico di Rita?

   a. Incontinenza urinaria dovuta a infiammazione dei nervi lombari.

   b. Difficoltà digestive causate da un'ernia iatale.

   c. Ritenzione fecale legata a una dieta povera di fibre.

2) Cosa rappresenta il tatuaggio dell'albero di Rita?

   a. Un simbolo di pace e legame con la natura.

   b. Un albero genealogico della sua famiglia.

   c. Il susseguirsi delle stagioni della vita.

3) Il tatuaggio di Rita ha causato un'infiammazione neurotossica tramite:

a. Pigmenti del tatuaggio iniettati nel canale spinale durante l'epidurale.

b. L'inchiostro del tatuaggio che ha ridotto l'efficacia dell'anestesia spinale, causando complicazioni.

c. L'ago usato dal attuatore che non era stato sterilizzato.

Risposte

1) **A**

2) **B**

3) **A**

CAPITOLO 10

PARTE 10.2

Il bastone ed il serpente - The stick and the snake

Il venerdì sera, il reparto ha un'aria diversa. Non è solo la fine di una settimana, ma di un **percorso**[1]: l'ultimo giorno di tirocinio di Leonardo.

Nella sala medici Leonardo trova una **pila**[2] di **buste**[3] colorate sulla sua **scrivania**[4]. Sopra, un **cartoncino**[5] scritto a mano:

"Per il dottore che ci ha ascoltato."

Apre i biglietti uno a uno.

«Grazie **per avermi trattato**[6] come un uomo, non solo come un paziente.» scrive Luigi.

«Con Dante **ho ritrovato me stessa**[7].» **lascia scritto**[8] Annamaria, **allegando**[9] un volume della 'Divina Commedia' **nuovo di zecca**[10].

Adriana aggiunge un **acquerello**[11] con la cupola di Sant'Ignazio.

Fabio ride: «Hai un fan club, Leo! Ci vediamo domani sull'Isola Tiberina!»

L'indomani[12] l'isola sembra **galleggiare**[13] sul Tevere, le sue pietre antiche **impregnate**[14] di leggende. Qui **si tiene**[15] la cerimonia di fine tirocinio dei medici del Policlinico.

Non in un'**aula**[16] universitaria, ma nel luogo simbolico dove, secondo la tradizione, la medicina **arrivò**[17] a Roma.

La piazza **si riempie**[18] di **camici**[19] bianchi, famiglie, studenti. Leonardo raggiunge Fabio, che **lo colpisce**[20] con una **gomitata**[21]: «Guarda un po', sono venuti tutti!»

Tra la **folla**[22] Leonardo riconosce Ilaria ed Edoardo, Silvia con la madre Rita, e soprattutto il padre di Lucia, in piedi accanto alla figlia.

Mirco **prende la parola**[23]. La voce, di solito **ruvida**[24], vibra di emozione: «Non siete qui **per caso**[25]. Questa è l'isola del **serpente**[26] di Esculapio, simbolo di **rinascita**[27]. La leggenda dice che il **popolo**[28] **costruì**[29] un ospedale quando arrivò il serpente. **Da allora**[30], medici e pazienti hanno attraversato questi **ponti**[31] portando il **peso**[32] della **sofferenza**[33] e la speranza della **cura**[34]. **Ricordatevi**[35]: la medicina non è solo scienza, è rito, simbolo, comunità. È un **bastone**[36] che sostiene e un serpente che **rinasce**[37].»

Poi sale sul **palco**[38] Padre Lorenzo. Con voce calma benedice i giovani: «Non curate solo i **corpi**[39]. Curate le storie. Ogni paziente porta con sé un mondo.»

Dopo la cerimonia Mirco si avvicina a Leonardo. Il suo volto **si ammorbidisce**[40]: «Hai fatto un buon lavoro. Sei pronto. Non per sapere tutto — quello **non accade mai**[41] — ma per sapere che medico vuoi essere.»

Gli stringe la mano **più a lungo del solito**[42]. «Continua ad ascoltare. È quello che **farà la differenza**[43].»

Anche Edoardo **tende**[44] la mano al cugino Leonardo: «Francesco sarebbe stato **fiero**[45].» Leonardo la stringe emozionato.

Infine il padre di Lucia **si fa avanti**[46]. **Gli porge**[47] una **scatolina**[48] d'**argento**[49]: dentro, una **medaglia**[50] **consumata dal tempo**[51]. «Era di mio padre, infermiere in guerra. Ora **appartiene**[52] a te.»

Leonardo la prende con un **nodo alla gola**[53], sentendo che un **legame familiare**[54] si è finalmente compiuto[55].

Quando la folla **si disperde**[56], restano solo Leonardo, Fabio, Lucia e Silvia in piazza. Il Tevere **riflette**[57] i colori del **tramonto**[58].

Fabio **si aggiusta**[59] la **manica**[60]. «È il momento, fratello.»

Insieme, lui e Leonardo **sollevano**[61] le maniche mostrando lo stesso tatuaggio fresco: il bastone di Esculapio con il serpente **attorcigliato**[62].

Lucia porta una mano alla bocca. Silvia sorride. «Avete fatto lo stesso tatuaggio?» chiede.

«**Già**[63].» dice Fabio. «Uno a destra, uno a sinistra. Quando siamo **fianco a fianco**[64] sembriamo un **unico medico**[65] con due braccia.»

Leonardo aggiunge ridendo: «Un **patto di amicizia**[66]. Per ricordarci questo anno **vissuto**[67] insieme... e che continueremo a **sostenerci**[68], sempre.»

Le ragazze **applaudono**[69] entusiaste.

Poco dopo, Fabio e Silvia **si allontanano**[70] sul ponte. Restano Leonardo e Lucia, soli sull'isola. Il rumore dell'acqua e le **campane**[71] lontane di Trastevere **riempiono**[72] il silenzio.

Lucia **sfiora**[73] il tatuaggio sul braccio di Leonardo. «Sei sicuro? In Italia la vita da medico non è facile: **stipendi**[74] bassi, turni infiniti, burocrazia…»

Leonardo la guarda negli occhi. «Lo so. Ma qui ho trovato più dello stipendio. Ho trovato il **senso**[75] del mio lavoro. Pazienti che mi hanno insegnato **più di ogni manuale**[76]. Amici diventati fratelli. E… ho trovato te.»

Lucia arrossisce, senza **distogliere**[77] lo sguardo. «Vuoi dire che resterai?»

«Sì.» risponde Leonardo deciso. «Resterò in Italia. Per curare, per crescere… e per costruire qualcosa con te.»

Lei lo abbraccia forte, come se quelle parole **sciogliessero**[78] mesi di paure.

Sull'Isola Tiberina, **culla**[79] antica della medicina, Leonardo sente che una nuova vita sta davvero iniziando.

Non più da **straniero**[80], ma da medico italiano, pronto a scrivere il futuro **accanto a chi ama**[81] e **a chi lo ama**[82].

Riassunto della storia

All'ultimo giorno di tirocinio, Leonardo riceve messaggi dai pazienti e partecipa alla cerimonia di laurea all'Isola Tiberina. Tra discorsi, riconciliazioni familiari e un

tatuaggio condiviso con Fabio, sceglie di restare in Italia, trovando il vero senso della medicina e dell'amore.

Summary of the story

On his last internship day, Leonardo receives heartfelt messages from patients and attends the graduation ceremony on Tiber Island. Amid speeches, family reconciliations, and a shared tattoo with Fabio, he decides to stay in Italy, having found the true meaning of medicine and love.

Cultural Insight – Il simbolo della medicina

Secondo una leggenda del 291 a.C., durante una grave epidemia a Roma, una nave andò (*went*) fino alla città del dio della medicina (*medicine God*) **Esculapio**, per chiedere il suo aiuto. Un grande **serpente**, simbolo del dio, salì sulla nave (*ship*) di ritorno (*on its way back*) a Roma e si tuffò (*it dived*) nel fiume Tevere nuotando fino all'**Isola Tiberina**. Non appena (*as soon as*) i romani costruirono un tempio dedicato a Esculapio, l'epidemia terminò (*finished*). Da quel momento il serpente avvolto intorno (*curled up around*) al bastone (*walking stick*) di Esculapio diventa il **simbolo della medicina e della guarigione** (*healing*) in tutto il mondo.

Vocabulary

1 **percorso** path

2 **pila** stack

3 **buste** envelopes

4 **scrivania** desk

5 **cartoncino** card

6 **per avermi trattato** for having treated me

7 **ho ritrovato me stessa** I found myself again

8 **lascia scritto** (she) leaves written

9 **allegando** attaching

10 **nuovo di zecca** brand new

11 **acquerello** watercolour

12 **l'indomani** the next day

13 **galleggiare** to float

14 **impregnate** soaked

15 **si tiene** (it) is held

16 **aula** lecture hall

17 **arrivò** (it) arrived

18 **si riempie** (it) fills up

19 **camici** white coats

20 **lo colpisce** (he) nudges him

21 **gomitata** elbow (nudge)

22 **folla** crowd

23 **prende la parola** (he) takes the floor / speaks

24 **ruvida** rough

25	**per caso**	by chance
26	**serpente**	snake
27	**rinascita**	rebirth
28	**popolo**	population / people
29	**costruì**	they built
30	**da allora**	since then
31	**ponti**	bridges
32	**peso**	burden
33	**sofferenza**	suffering
34	**cura**	healing
35	**ricordatevi**	remember
36	**bastone**	staff
37	**rinasce**	(it) is reborn
38	**palco**	stage
39	**corpi**	bodies
40	**si ammorbidisce**	(it) softens
41	**non accade mai**	(it) never happens
42	**più a lungo del solito**	longer than usual
43	**farà la differenza**	(it) will make the difference
44	**tende**	(he) extends
45	**fiero**	proud
46	**si fa avanti**	(he) steps forward
47	**gli porge**	(he) hands him
48	**scatolina**	small box
49	**argento**	silver
50	**medaglia**	medal

51	**consumata dal tempo**	worn by time
52	**appartiene**	(it) belongs
53	**nodo alla gola**	lump in the throat
54	**legame familiare**	family bond
55	**si è finalmente compiuto**	has finally been fulfilled
56	**si disperde**	(it) disperses
57	**riflette**	(it) reflects
58	**tramonto**	sunset
59	**si aggiusta**	(he) adjusts
60	**manica**	sleeve
61	**sollevano**	they raise
62	**attorcigliato**	coiled
63	**già**	indeed
64	**fianco a fianco**	side by side
65	**unico medico**	one single doctor
66	**patto di amicizia**	pact of friendship
67	**vissuto**	lived
68	**sostenerci**	to support each other
69	**applaudono**	they applaud
70	**si allontanano**	they walk away
71	**campane**	bells
72	**riempiono**	they fill
73	**sfiora**	(she) touches lightly
74	**stipendi**	salaries
75	**senso**	meaning
76	**più di ogni manuale**	more than any textbook

77 **distogliere** to look away

78 **sciogliessero** they would melt

79 **culla** cradle

80 **straniero** foreigner

81 **accanto a chi ama** beside the one (he) loves

82 **a chi lo ama** by the one who loves (him)

Domande a risposta multipla

1) La cerimonia di fine tirocinio si svolge sull'Isola Tiberina perché:

   a. È il luogo dove si laureano tutti i medici di Roma.

   b. È un luogo simbolico legato alla nascita della medicina romana.

   c. È più comodo per le famiglie dei tirocinanti raggiungerlo.

2) Cosa significa l'espressione "avere un nodo alla gola"?

   a. Sentirsi fisicamente soffocare a causa di un problema medico.

   b. Essere molto arrabbiati e pronti a discutere.

   c. Provare una forte emozione che rende difficile parlare.

3) Quale trasformazione interiore vive Leonardo alla fine della cerimonia?

a. Decide di lasciare l'Italia per tornare negli Stati Uniti con più esperienza.

b. Decide di restare in Italia, perché qui ha trovato il senso del suo lavoro, veri amici e l'amore.

c. Realizza che la medicina non fa per lui e vuole cambiare professione.

Risposte

1) **B**

2) **C**

3) **B**

Conclusion

Congratulations!

Whether it is your first book in Italian at an advanced level or you have already read a few, you should be proud of your progress and your perseverance. Learning a foreign language is a very dynamic process and every step forward should be celebrated, no matter how small it might seem to you.

If this was your first book in advanced Italian, well done on completing it!

If you used this book as a refresher before advancing your Italian even further, it's equally outstanding how far you've come in your learning journey!

If you have enjoyed reading this book, I have a couple more "secrets" to share with you to help you make the most of the stories you've just read and some recommendations on additional material that you can use along with this book.

I hope to be able to entertain you again with more stories.

To next time!

Continue to learn

Learning a foreign language is such an adventure and reading is only one of the many ways you can advance your level.

I highly recommend my students to consume as much material in Italian language as they can and expose themselves to Italian language in all formats: newspapers articles, television programs, youtube videos, pen friends, travelling to Italy, and certainly, other books and audio books.

If you have enjoyed this book, there will be many other to follow so subscribe to my mailing list at subscribepage.com/rebeccaromano to get to know when my next collection of short stories will come out.

Stay tuned!

Share the benefits

If you believe you have benefitted from this book and want to encourage others to read these stories, please consider leaving a favourable review on Amazon or on the other websites from where you have purchased this book.

Sharing is caring!

If you are a teacher

From teacher to teacher, I know how hard it is to find good reading material to use during lessons.

This book is written specifically with intermediate to advanced level students in mind, and each story is structured so that it prepares the students for the next one, without overwhelming them with too much new vocabulary, exposing them gradually to more complex grammar structures as the story unfolds.

If you would like to use this book with your students, you can rely on easy-to-navigate stories, vocabulary and grammar including comprehension questions at the end of each episode to test your students.

I'd love to hear from you and know how you have used this book with your students.

Please contact me on Instagram at @languagemyths_italian

Use a notebook

Unless you are equipped with a wondrous memory, you won't be able to remember all the new words, colloquial expressions and constructs you will learn with this book.

My students know too well I encourage the use of notebooks where to write down all the new vocabulary learnt and to revise it constantly so to help them consolidate their learning.

For this reason, I have released a special notebook on Amazon, The Italian Language Learning Notebook, to help ensure your success in retaining and putting into use as many new words as possible.

This notebook includes alphabetically ordered sections where you can register the new vocabulary in both Italian and your own language, together with an example box and a note box where you can write your own sentences.

Acknowledgements

"Travel early and travel often. Live abroad, if you can. Understand cultures other than your own. As your understanding of other cultures increases, your understanding of yourself and your own culture will increase exponentially."

— Tom Freston

I think this is just the perfect quote for my new trilogy, 'Leonardo a Roma', about an American doctor who goes to live in Italy to finish his studies. A marvellous change happens inside him as he immerses himself more and more into the Italian culture and way of life among its good and bad aspects.

And I should know this myself. As an Italian expat living in New Zealand, I know too well how hard it can sometimes be to live abroad and, at the same time, how wonderful it is to be exposed to a totally different culture, way of life and language.

Yet, I cannot recommend it enough: travel, travel, travel. And yes, live abroad if you can. To me, even learning a new language is a journey into another dimension where you constantly compare your beliefs with someone else's beliefs and your horizon expands. How magical!

So let me thank everyone that have crossed and will cross my path in my travels and while living abroad. You have certainly inspired some of my characters in a way or another.

Larry, how can I not thank you for your unwavering trust in me and my work during good and bad moments. Together with Thomas and Gigi, you are the family I can always count on and I would never trade for anything in the whole world.

And a heartfelt thank you to my family and friends in Italy for their constant support. This time I also want to thank my family abroad. Yes, that enlarged family you chose and share your life and struggles with, as it were your own family.

Finally, I cannot forget my students and readers. Thank you for reminding me how special is to learn a language. I hope this trilogy will inspire you to travel to Italy if you haven't been yet, and why not, maybe even going to live there for a while.

www.ingramcontent.com/pod-product-compliance
Lightning Source LLC
Chambersburg PA
CBHW070930250626
47159CB00009B/3182